JN333699

北朝鮮 終わりの始まり

霊的真実の衝撃

大川隆法
Ryuho Okawa

正誤表

185ページ　9行目

〔誤〕　イラクと北朝鮮のどちらを先にするか

← 〔正〕　イランと北朝鮮のどちらを先にするか

右のように訂正し、謹んでお詫び申し上げます。

まえがき

二〇一一年も十二月、師走《しわす》、最後の衝撃《しょうげき》が、北朝鮮《きたちょうせん》最高指導者・金正日《キムジョンイル》の死去であり、三男・金正恩《キムジョンウン》の政権継承である。

一九八九年、ベルリンの壁が崩壊して二十三年後、二〇一二年、朝鮮半島の三十八度線の国境線は破れて、板門店《はんもんてん》は、生き別れになった南北朝鮮の人々の再会と喜びの涙で、歴史の彼方《かなた》へと流れ去ってゆくことだろう。

ふと二十年前の一九九一年の夏、ヨーロッパからの帰途《きと》、ジェット旅客機で上空を飛んでいるまさにその瞬間、真下《ました》の地上で、ソ連邦崩壊が始まったのを思い出す。歴史はある日突然に書きかえられる。

南北に引き裂かれた民族の悲劇を終わらせたい。かつての宗主国《そうしゅこく》として、日本は責任をもってそれを成《な》し遂《と》げなくてはならない。この世の地獄《じごく》は、もう終わりにしよう。

二〇一一年　十二月二十七日

幸福《こうふく》の科学《かがく》グループ創始者兼総裁《そうししゃけんそうさい》　大川隆法《おおかわりゅうほう》

北朝鮮　―終わりの始まり―　目次

第2章　北朝鮮の後継者・金正恩の野望
――金正恩守護霊の霊言――

二〇一一年十二月二十日　霊示

3　金正日の死の真相とは　122

4　朝鮮半島の統一に向けて　134

「霊言現象《れいげんげんしょう》」とは、あの世の霊存在の言葉を語り下ろす現象のことである。これは高度な悟《さと》りを開いた者に特有のものであり、「霊媒現象《れいばいげんしょう》」（トランス状態になって意識を失い、霊が一方的にしゃべる現象）とは異なる。また、外国人霊の霊言の場合には、霊言現象を行う者の言語中枢《ちゅうすう》から、必要な言葉を選び出し、日本語で語ることも可能である。

第1章

死後まもない金正日《キムジョンイル》に訊《き》く

――金正日の霊言《れいげん》――

二〇一一年十二月二十日　霊示

金正日《キムジョンイル》（一九四一～二〇一一）

朝鮮民主主義人民共和国（北朝鮮）の政治家・軍人。北朝鮮の建国者である金日成《キムイルソン》の長男として生まれ、父の死後、朝鮮労働党中央委員会総書記や国防委員会委員長等に就任し、同国の最高指導者となった。二〇一一年十二月十七日に死去。二〇〇九年に本人の守護霊《しゅごれい》（魂《たましい》の兄弟）の霊言《れいげん》が収録されているが（『金正日守護霊の霊言』〔幸福の科学出版刊〕参照）、今回は死後まもない本人の霊が招霊《しょうれい》されている。

質問者
立木秀学《ついきしゅうがく》（幸福実現党党首）
里村英一《さとむらえいいち》（幸福の科学広報局長）

※役職は収録時点のもの

1　「金正日の死の真相」と「北朝鮮の今後」を探《さぐ》る

金正日の霊《れい》と金正恩《キムジョンウン》守護霊へのインタビューを試《こころ》みる

大川隆法　突然《とつぜん》のことではありましたが、年が変わる前に、「北朝鮮の指導者である金正日氏が、十二月十七日に、列車で移動中に心筋梗塞《しんきんこうそく》を起こし、心原性ショックを併発《へいはつ》して亡《な》くなった」ということが、その二日後、二〇一一年十二月十九日の月曜日の正午に、北朝鮮の朝鮮中央テレビで明らかにされました。

そのため、今、世界中が、「てんやわんや」の状態ではあります。

彼は、病気をしているようだったので、「二年以内ぐらいには死ぬだろう」という予測が立ってはいたのですが、「これで朝鮮半島の情勢がどうなるか」ということと、「三男の金正恩《キムジョンウン》氏に後継者《こうけいしゃ》が務まるかどうか」ということについて、世間の関心が集まっていると思われます。

ただ、この国には西側のメディアは取材に入れませんし、今回、「外国の弔問客《ちょうもん》は
お断り」とのことのようです（注。収録当時。その後、韓国からの民間弔問団などを受け入れている）。「国内を偵察《ていさつ》されるのは嫌《いや》だ」ということなのでしょうが、まったくの情報鎖国《さこく》状態であるため、揣摩臆測《しまおくそく》によって、いろいろなことが言われている状態です。

そこで、今日は、彼の死の真相や北朝鮮の今後の動きなどを、金正日氏の霊《れい》と、その後継者とされる金正恩氏の守護霊[注]の霊言《れいげん》によって、調べてみたいと考えています。

私は、それほど好きでやっているわけではありませんが、「多少なりとも、世の中のお役に立つことがあれば」と思っています。

〔注〕人間の魂《たましい》は六人のグループからなり、あの世に残っている「魂の兄弟」の一人が、守護霊を務めている。守護霊は、実は自分自身の魂の一部である。したがって、守護霊の霊言とは、いわば、本人の潜在《せんざい》意識にアクセスしたものであり、その内容は、その人が潜在意識で考えていること（本心）と考えてよい。

金正日氏は十二月十七日に亡くなったとされています。それが本当かどうか、分かりませんが、その日に、言われているとおりの病気で移動中に亡くなったとすれば、今日は十二月二十日なので、まだ死後三日目です。したがって、一般的《いっぱんてき》に言うと、彼の霊は、行くべき世界にまだ行き着いていない可能性のほうが高いと思われます。死んでまもないころには、「真っ逆《さか》さまに地獄《じごく》に堕《お》ちる」という場合を除けば、死んだ場所の近辺などで、うろうろしていることが多いのです。

彼に、「自分は死んだ」という自覚があるかどうかは知りませんが、まだパニック状態にあるかもしれないと思います。そのような状態のなかで、彼から話をうまく聞き出せるかどうかは何とも言えません。質問者の腕次第《うでしだい》でしょうが、彼は、悩乱《のうらん》していて満足な話ができないかもしれませんし、「自分は死んでいない」と言い張るかもしれません。

また、彼の死に関しては、本当に病気で死んだのか、それとも、毒殺でもされたのか、本当のことは分かりません。暗殺された可能性もないとは言えないのです。彼の父である金日成《キムイルソン》と同じ死に方をしているので、若干《じゃっかん》、怪《あや》しいところもないわけではありません。

彼の三男の金正恩氏は、まだ死んでないので、彼の守護霊を呼ぶことになります。この人はスイスに留学していたらしく、英語やドイツ語はできるようですが、日本語も勉強はしているとのことです。日本語の家庭教師などがいるのかもしれませんが、彼の守護霊とは日本語での意思疎通《そつう》が可能なのではないかと思っています。

質問者のみなさんは、ヒトラーでも相手にするかのようなつもりで、すでに構えているような状況《じょうきょう》かと思いますので（笑）、今回の霊言収録の趣旨《しゅし》をあらためて述べておきましょう。

金正日氏が亡くなったのは気の毒なことだと思いますが、「北朝鮮情勢や朝鮮半島情勢が、今後、どう動くか」ということを予測するに当たっては、やはり、何らかの情報を持たなくてはなりません。

ところが、北朝鮮に対して、西側のマスコミの取材は、一切、不可能であり、唯一《ゆいいつ》のルートは、ここ（幸福の科学）しかありません。当会では、霊言というかたちを通して、本人やその守護霊に、直接、インタビューすることが可能だからです。そして、その人の考え方の筋を読めば、「その人が、今後、どのように動くか」ということを推定することができるのです。

こういう手段によって、「二〇一二年に、朝鮮半島をめぐって何が起きるか。あるいは起きないか」ということについて、何らかの予測をしてみようと考えています。

まず金正日の霊《れい》を招霊《しょうれい》する

大川隆法　では、まず父親（金正日）のほうから行きましょうか。予想としては、どのような状態だと思いますか。

司会　自分が死んだことに、まだ気づいていないのではないでしょうか。

大川隆法　気づいていないと思う？

司会　はい。

大川隆法　でも、国民は大泣きをして、嘆《なげ》き悲しんでいますよ。

司会　ただ、以前、彼の守護霊を呼んで霊言を収録したとき（『金正日守護霊の霊言』参照）、守護霊は「自分が金正日だ」と言っていましたので……。

大川隆法　ああ、そうでしたか。

司会　「死後の世界はない」ということになっているのではないかと思います。

大川隆法　あの大げさな泣き方には、もしかしたら、彼に自分が死んだことを分からせるためにやっている可能性もありますね。

司会　彼は、まだ生きているつもりかもしれません。

大川隆法　そう思っているかもしれないような気がしますか。

司会　あるいは、何かで苦しんでいる状態かもしれません。

大川隆法　うーん。彼の霊《れい》を私の体に入れるのは嫌なんですけれどもね。もし変な死に方をしていたら、それが私の体にも表れてくるので、首を押《お》さえ、ウンウン言って転げ回ったりすると嫌だなと思うんです。

司会　総裁をつらい目に遭《あ》わせてしまうおそれはあります。

大川隆法　だから、あまり、やりたくはないのですが、弟子《でし》の霊能者だと、まだ、やや性能が劣《おと》る面もあるので、このくらいの大物に対しては、自分でやらざるをえないと思います。

では、始めましょうか。

（質問者たちに対して）頑張《がんば》ってください。ひとつ、明瞭《めいりょう》な言語で質問してください。日本語への即時変換《そくじへんかん》が可能なレベルではないかと推定しているので、たぶん、日本語が通じるだろうと思います。この金正日が子供のころには、朝鮮半島はまだ日本の支配下にあった時代なので、日本語が通じるのではないかと思っています。

行《い》ってみますか。美女か何かを呼ぶほうが私は好きなんですけどね（笑）（会場笑）。

では、北朝鮮の〝偉大《いだい》〟な指導者であられた金正日総書記の霊を招霊《しょうれい》いたします。

（瞑目《めいもく》し、胸の前で両手を交差させる）

北朝鮮の指導者、金正日の霊よ。

あなたは、「三日前に亡くなられた」と、今、報道されています。西側のあらゆるメディアが情報を知りたがっておりますが、あなたの国では情報の鎖国が行われていて、実態がよく分かりません。

われらは、世界の平和を目指している者であり、世界の新しい秩序《ちつじょ》をつくるために、日夜、努力している者ですので、いたずらに、あなたがたを敵視する者ではございません。できれば、「北朝鮮のみなさまのために、何か、できることはないか」という観点から、あなたや、あなたの後継者のことについても探《さぐ》り、今後について、共に日本からも考えてみたいと考えております。

金正日の霊、流れ入《い》る。金正日の霊、流れ入る。金正日の霊、流れ入る。

金正日の霊、流れ入る。金正日の霊、流れ入る。金正日の霊、流れ入る。

三日前に亡くなられた、北朝鮮の指導者、金正日の霊、流れ入る。

金正日の霊、流れ入る。金正日の霊、流れ入る。

金正日の霊、流れ入る、流れ入る、流れ入る、流れ入る、流れ入る……。

（約十秒間の沈黙《ちんもく》）

うーん。少しだけ難しいですね。牽引《けんいん》をしないといけない。

（右手を握《にぎ》り締《し》め、頭上に掲《かか》げる）

牽引！　日本まで来い！　えい！　来い！

（約二十秒間の沈黙）

2 金正日の死亡前後の状態

「体が燃えるように熱い」と言って苦しんでいる

金正日 (苦しそうに) ボホホホホホホ! ゴホッ! ゴホッ! うーん。ハア、ハア、ハア。

立木 こんにちは。聞こえますでしょうか。金正日総書記でいらっしゃいますか。

金正日 うーん (腹部に手を当てる)。ハア、ハア、ハア。ハア、ハア、ハア、ハア、ハア、ハア。

立木 お話はできますか。

金正日 ハア、ハア、ハア。熱い。熱い。

立木　熱いのですか。

金正日　熱い、熱い、熱い。熱い、熱い。熱い。

立木　今、どういう状況《じょうきょう》ですか。

金正日　熱い。燃えるようだ。

司会　今、体が焼かれているのですか。

金正日　熱いんだ。熱いんだ。燃えるようだ。熱い。

里村　周りが熱いのですか。

金正日　ああ?

里村　体の内側から熱いのですか。それとも、周りが熱いのですか。

金正日　何を言ってるんだ!　何を言ってるんだ!　ああ。

司会　昨日《さくじつ》の朝鮮中央テレビで、あなたがお亡《な》くなりになられたことが報じられましたが、ご覧になりましたか。

金正日　ああ?

司会　「お亡くなりになった」ということです。

金正日　何だ、それ。

司会　「何だ、それ」というか、朝鮮中央テレビで、例のアナウンサーが……。

金正日　「例の」って何だ。ああ?

立木　女性のアナウンサーですね。

司会　女性のアナウンサーが、「金正日総書記死去」を報じたため、北朝鮮では、国民のみなさんが泣いていましたが、ご覧になりませんでしたでしょうか。国民が慟哭《どうこく》していました。

金正日　なぜだ。

司会　「なぜ」って、あなたがお亡くなりになったからです。

金正日　熱いな。熱い。

司会　まだ生きていらっしゃいますか。

金正日　熱いんだ。

司会　生きている？　熱いだけですか。

金正日　熱いよ。高熱かな。

司会　いつから熱くなりましたか。

金正日　ああ？　熱いんだよ、体が。

司会　昨日《きのう》ぐらいからですか。一昨日《おととい》？

金正日　ああ？　熱い。

当時は病院にいて、列車には乗っていなかった

立木　発表によりますと、「十二月十七日の朝八時半に、列車内で心筋梗塞《しんきんこうそく》を起こして、お亡くなりになった」とのことなのですが、今、そういうご記憶《きおく》はおありですか。

金正日　ああ？　ああ？

立木　列車に乗っていたご記憶はないのでしょうか。

金正日　……。列車？

立木　はい。「現地指導のために移動中、病《やまい》に陥《おちい》られた」とのことなんですが。

金正日　それは嘘《うそ》だろうなあ。

立木　嘘ですか。

金正日　うん。だって、具合《ぐあい》が悪いのに、なぜ列車に乗れるんだ。

立木　ああ。

司会　いつから病に伏《ふ》せっていらっしゃったのですか。

金正日　うーん。ちょっと前から具合が悪くてな。

司会　一カ月ぐらい前？

金正日　ああー、ちょっとな。うん。病院にいるんだよ。

司会　病院？　いつから体が熱くなりましたか。

金正日「いつから」って、それは、君ねえ、何だか、急に熱くなったのよ。

司会　注射を打たれたりしたのでしょうか。

金正日　ええ？　発熱かなあ。

司会　発熱？

金正日　いやあ、でも、違《ちが》うような気もするなあ。

司会　何かの薬を飲んだあとでしょうか。
金正日　何か、燃えてるんだよなあ。
司会　燃えている？
金正日　うーん。燃えてる感じがするから、病院が火事かなあ。
列車になんか乗ってないよ。
司会　北朝鮮では、お亡くなりになった方を燃やすのでしょうか。
金正日　何を言うとるか！　まだ……。
司会　いやいや、一般論《いっぱん》としてです。一般論として、お亡くなりになられたら、燃やされるのでしょうか。
金正日　まあ、人によるんじゃないか、それは。偉大《いだい》な人には、簡単に、そんなことはしない。

司会　お父様（金日成《キムイルソン》）は燃やされなかった？

金正日　偉大な方《かた》は、ちゃんと〝蠟細工《ろうざいく》〟にして遺《のこ》すことだってあるからな。

司会　では、金日成は……。

金正日　君ね、縁起《えんぎ》の悪いことばっかり言うんじゃないよ。もうすぐ正月だろう？

司会　ええ。二〇〇九年の夏に、私は、あなた（守護霊）と話をしたのですが、それは覚えていらっしゃいますか。

金正日　ああ？　私に話のできる人がいるわけがない。

司会　いや、あなたは話をなさっていましたよ。

金正日　そんなことは知らんな。

司会　そうですか。

金正日　話をしたかなあ。

司会　とにかく、今は〝焼けている〟最中《さいちゅう》ですね。
金正日　うーん。何かねえ、焼けてるんだよ。病院に火が出てるのかなあ。
司会　体を見てください。今、体は、どんな感じですか。
金正日　うん？　体は、だから熱いね。
司会　何かが燃えていませんか。
金正日　熱いんだ。
司会　火は？　体に火はついていますか。
金正日　体に火がついてるわけはないだろう。あんた、そんな、ばかげたことを言うんじゃないよ。熱いんだよ。
立木　周りに炎《ほのお》が見えたりはしますか。

金正日　炎？　炎ねえ……。なぜ熱いんだ。熱帯じゃないな。何だか熱いんだよなあ。ジリジリジリジリ熱いんだよ。

司会　しかし、偉大な方は、焼かれることはないので、あなたは、焼かれているわけではないんですよね。

金正日　そうだ。何を言っとる。まだ病院にいるんだ。

言語中枢《ちゅうすう》に支障が生じて、最近は言葉をうまく話せなかった

里村　周りに人はおられますか。

金正日　それは、もう、みんなで見守っとるよ。

里村　人がいますか。

金正日　うん？　そりゃあ、いるよ。

里村　その人たちは、たいへん厳しい目で、将軍様（金正日）をご覧になっているの

ではないですか。
金正日　「厳しい」って、どういうことだ。
里村　将軍様を、恨《うら》むような目で見ているとか。
金正日　恨む！　そんなこと、あるわけがないじゃないか。
里村　いやあ、どうなんでしょうか。
司会　金正恩さんは来ていますか。
金正日　は？
司会　後継者《こうけいしゃ》の金正恩さんです。
金正日　……。
司会　最近、来ていらっしゃらない？
金正日　あのなあ、最近、ちょっと話ができんから……。

あ！　なぜ、今、話ができるんだろうなあ。話ができなかったんだけどな。

司会　金正恩さん（守護霊）は、あなたのことを、「もう頭がぼけ始めている」と言っていました（『温家宝守護霊が語る　大中華帝国《だいちゅうかていこく》の野望』〔幸福実現党刊〕第2章「北朝鮮の未来を予想する―金正恩守護霊の霊言―」参照）。

金正日　そうなんだよ。言語中枢《ちゅうすう》がいかれとるんだが、なぜか、今、しゃべれるんだ。おかしいなあ。

立木　では、もう、かなり肉体的に衰《おとろ》えて、入院されていたわけですね。

金正日　うーん。そうなんだ。うーん。なぜ、今、しゃべれるのかなあ。

里村　今ここにいると調子がいいでしょうから、どんどんお話しになったほうがいいと思います。

金正日　うん。何だか若返ったような気がする。なぜかなあ。

司会　朝鮮中央テレビの発表では、「心筋梗塞を起こして倒《たお》れ、列車内で亡くなった」

とされています。

金正日　それだと、かっこいいからかな。

司会　それは、お父様と同じ死に方なので、そういう死に方だったことにしたのではないかと推測しているのですが。

金正日　うーん。病院で死ぬのは、かっこ悪いからなあ。

司会　ただ、そんな状態で列車に乗せるほど酷《こく》なことを、普通《ふつう》は、しませんよね。

金正日　いや、「最後の最後まで、人民のために活動していた」ということが大事なんだろう。

司会　はい。

自分の死を認めようとしない金正日の霊《れい》

金正日　いや、君ね、私が死んだような言い方をするんじゃないよ。

司会　いいえ、あなたは実際に亡くなったんですよ。

金正日　まあ、それは未確認情報だな。

立木　（苦笑）

司会　（二〇一一年十二月二十日付の産経新聞の第一面を掲《かか》げて）これは日本の新聞ですが、漢字は読めますか。

金正日　まあ、読めるんじゃないかな。

司会　（大見出しを示して）「死去」という字は読めますか。

金正日　ああ。なぜ字が左から右に書いてあるんだ。右から左に書かないといかん。

司会　これが今の日本の書き方なんです。

金正日　ああ？　右から左に書かなきゃ駄目《だめ》だ。正式には、そうであるはずだからさ。それに、最近、ちょっと書体が変わったんじゃないか。

司会　（平壌《ピョンヤン》市内で泣き崩《くず》れている市民たちの写真を示して）これは、人が死んだときに慟哭している姿ですよね。
金正日　おお。そうだな。
司会　ええ。そして、これは……。
金正日　（生前の金正日氏が金正恩氏と並んでいる写真を指さして）ちゃんと生きてるじゃないか。ちゃんと生きてる。
司会　いやいや。
里村　これは生前の写真です。
金正日　息子《むすこ》と仲良く生きてるじゃないか。
司会　「金正日総書記死去　正恩氏が継承」（大見出しを読む）。
金正日　それ、産経新聞のたぐい？　嘘、嘘（会場笑）。

立木　朝日新聞も同じように報道していますよ。

金正日　そこは、嘘で塗り固めた新聞じゃないか、だいたい。

司会　産経新聞だけではなく、日本の新聞は全部、あなたの死を報じています。

金正日「産経新聞を持ってきた」ということは、君がわしを騙《だま》そうとしている証拠《しょうこ》だ（会場笑）。

里村　将軍様が言うところの〝朝日《ちょうにち》新聞〟にも（注。『金正日守護霊の霊言』のなかで、金正日守護霊は朝日《あさひ》新聞を朝日《ちょうにち》新聞と呼んだ）、「死去」と書いてあります。

司会　ええ。朝日《ちょうにち》にも書いてありますよ。

金正日　うん？　朝日《ちょうにち》も書いてる？

里村　はい。朝日《ちょうにち》新聞も。

司会　たまたま私は産経新聞が好きで読んでいるだけなんです。

金正日　そこは嘘つきだから、気をつけないといかんな。
司会　ただ、あなたの死は客観的な事実です。
金正日　（生前の自分の写真を指さして）生きていて、元気じゃないか。
里村　いや、これは、お元気なときの写真です。
金正日　（質問者の里村を指さして）君にそっくりじゃないか（会場笑）。なあ？
里村　（苦笑）いえいえいえ。
立木　（市民たちの写真を示して）このように市民が泣いています。
司会　なぜ泣いているのですか。
里村　朝日《あさひ》新聞も見てください。
金正日　え？　それは劇団の人が頑張《がんば》っとるんだろう。

司会　いやいや、本当に亡くなったんです。

金正日　いやあ、それはねえ、まあ、「諸葛孔明《しょかつこうめい》の兵法」で、死んだと見せかけて、死んでないんだよ。死んでないと見せかけて、死んでる。これが兵法。

里村　諸葛孔明様の兵法は、後者のほうです（会場笑）。

金正日　だから、わしは死んでないけど、「死んだと見せかけたら、諸国がどう動くか」ということについて、情勢分析《ぶんせき》をしてるところなんだよ。そして、何を考え、何をやろうとするかを見て、姿を再び現し、「おまえら、悪いことを考えてたな。許さん。ミサイルをぶち込《こ》んでやる。バシン！」と、まあ、こういうことだな。

里村　ほう。

3　北朝鮮の今後をどう見ているか

今、自分が死ぬのは、北朝鮮にとってマイナス

司会　それでは、話を変えます。

あなたは、そういうご認識なのですが、もし、あなたが死んだとしたら、今の北朝鮮にとって……。

金正日　「亡《な》くなられた」と言いなさい。

司会　失礼しました。

金正日　「死んだ」と言うのはね、君ら凡人《ぼんじん》の場合だ。

司会　失礼しました。では、総書記がお亡くなりになられたとして……。

金正日　うん。ま、いずれは、そうなるな。

司会　ええ。もし亡くなられたとして、そのタイミングが今だったら、北朝鮮にとって、プラスかマイナスか、どちらでしょうか。

金正日　それはマイナスに決まってるじゃない。

司会　どうしてですか。

金正日　偉大《いだい》な指導者がいなくなったら困るだろう?

司会　三男の正恩氏がいるではないですか。

立木　後継《こうけい》体制は、どのような感じだったのですか。もう、かなり十分に……。

金正日　いやあ、彼は、まだ教育が十分ではないからさあ。

司会　ああ。まだ死ねない?

金正日　韓国《かんこく》の哨戒艦《しょうかいかん》を沈《しず》めたのとさあ、この前、島を砲撃《ほうげき》したのと……。

立木　延坪島《ヨンピョンド》ですね。

金正日　実績がこのくらいしかないから、ちょっと足りないわな。もうちょっと実績を上げさせてやらんと、これだけでは、まだちょっと足りない。カリスマにするには、神話をつくらないと……。

里村　どのような実績が必要でしょうか。

金正日　やはり、企画《きかく》チームが、ちゃんと神話をつくり上げなきゃいかんからさ。十分な神話がまだできていないので、ちょっと早すぎるんじゃないかな。

司会　来年は「金日成《キムイルソン》生誕百年」ですが、ここで何かすることを企画班は考えていたのですか。

金正日　うーん。たぶん、何か勇《いさ》ましいことを彼を中心にしてやらせることを考えていたと思う。

司会　それについて、あなたには話が来なかった？

金正日　ええ？　それは軍事機密だから、言えんよな。

司会　あなたも知らない軍事機密があるのですか。

金正日　うーん。いやいや、知らんわけはないけれども……。

司会　あなたに話しても、通じないのですか。

金正日　まあ、ぼけとるからな。もうそろそろ、自分らでやろうとはしているけどなあ。

司会　ただ、今、あなたがお亡くなりになられるとまずいというのは……。

金正日　それは、まずかろうな。ほんとは、あと十年ぐらいは欲しいわな。

司会　一昨年《おととし》、私が、「あと一年ぐらいで死ぬのではないか」と言ったら、あなた（守護霊）は、「いや、百まで生きる」と言っていたんですよ。

金正日　うん。そうあるべきだな。うんうん。
　中国からの物資援助《えんじょ》は米韓《べいかん》威嚇《いかく》の見返り
司会　あなたは昨年と今年で中国に四回ぐらい行っておられるんですよね。
金正日　元気な証拠《しょうこ》じゃないか。四回も行った。すごいじゃないか。
司会　何のために行ったのですか。
金正日　それは国家対国家の対等の交渉《こうしょう》だろうが。
立木　どういう交渉ですか。
司会　トータルで八回ぐらいしか行っておられないのに、この一年半ほどで四回も行かれているんですよ。
金正日　元気になったんだ。

司会　いやあ、だって、病院で寝《ね》ているぐらいですから。

金正日　それは、元気になった証拠だ。

司会　中国で何をお話しされたのですか。

金正日　ああ？　何を話されたかって？　まあ、後継者問題については、もちろん話はして……。

里村　正恩氏についてですね。

金正日　同盟関係が続くように話した。それと、中国は、今、ちょっと、物資をケチっているからさあ、外国の圧力でな。「北朝鮮に、あまり物資を出すと、いかん」というようなことを、いっぱい言われていて、それをごまかしながら送ってもらわないといかんから、そのへんの秘密交渉がある。

司会　その見返りは何ですか。

金正日　見返りは重油と食料だよ。当然、銃弾《じゅうだん》も。

司会　いやいや、重油と食料を頂く見返りとして、何を約束したんですか。
金正日　「韓国《かんこく》や米軍に対して威嚇《いかく》する」ということを見返りに……。
司会　威嚇ですか。
金正日　うん。だから、「補給をちゃんと調《ととの》えてくれれば、われわれには、前哨《ぜんしょう》基地として、米軍や韓国軍に対して最前線で戦う覚悟《かくご》がある」ということだな。

北朝鮮には第三国経由で中国の武器が入ってきている

司会　ただ、北朝鮮には韓国以上の軍事的な力はあるのでしょうか。
金正日　百万に近い大軍隊があるわけだから、重油と食料と弾薬さえ十分であれば、あんなものは一押《ひとお》しで踏《ふ》み潰《つぶ》せる。
立木　ただ、「北朝鮮の兵器は、かなり老朽《ろうきゅう》化している」とも聞いています。

金正日　「老朽化」って、そんな失礼なことを言うんじゃない。使ってみなければ分からないじゃないか。まずやってみなきゃ、戦争ってのは分からないんだからさ。精神力っちゅうもんがあるからさあ、精神力で、一発、砲弾を当てればいいんだし、最新兵器であっても、砲弾が外れたら効果はないんだ。

司会　ただ、中国のほうが性能の高い武器を持っているわけですから、北朝鮮の武器を使って韓国を攻《せ》めなくてもいいのではないですか。

金正日　いやいや、水面下では中国からの援助《えんじょ》はあるんだけれども、直接、武器が移動するとまずいんだ。各国の調査班がいっぱい見とるので、武器に関しては、貿易として正式には成り立ちにくいんだよ。だから、東南アジアなどの第三国を経由して、バラバラに輸入しなきゃいけない。

司会　中国の武器が第三国経由で入ってきているのですか。

金正日　そうそう。第三国を経由して北朝鮮に入るようになっとるんだ。

司会　「それが調うのは、どれぐらい」という見通しで、お互《たが》いに同意されたのですか。

金正日　いや、細かい実務者協議を、わしがやるわけではない。

司会　していない？

金正日　うん。わしがやるわけではないけど、中国には、「大局的に応援を続けるように」と言ってある。だから、「六カ国協議で圧力をかける」と言われてるけど、「あんなものは上手《じょうず》に泳がせてくれ。その間《あいだ》に、ちゃんと防衛体制を築くから」ということだ。

韓国《かんこく》の大統領が替《か》わるときに〝祝砲《しゅくほう》〟を上げたい

司会　来年、韓国《かんこく》では大統領選挙が行われますが、韓国の大統領が替《か》わることについて、タイミングとしては、どうお考えですか。

金正日　まあ、韓国は弱ってんじゃないの？　経済もうまくいかないしさあ、人気は落ちてるしさあ、中国とも仲が悪いしさあ、日本にもケンカを売ってんだろう？　だから、八方塞《はっぽうふさ》がりよ。もう潰れるんじゃないか、韓国は。

司会　しかし、あなたがたも、韓国に対して、何かしようとしているんですよね。

金正日　いや、韓国は、わしらの軍事的脅威《きょうい》の下《もと》に、もう震《ふる》え上がっとるんだよ。

里村　では、将軍様から見ると、今、韓国に対しては、けっこうチャンスですか。

金正日　韓国は弱ってるからね。だから、日本を何とか脅《おど》してだね、日本からちょっと金を巻き上げて、軍資金にしたいんじゃないかな。

里村　韓国が、ですね。

金正日　うん。韓国がね。そうせんとねえ、わが国と戦うだけの力はないわな。

里村　北朝鮮のほうは、韓国に対して、どういう動きをするのでしょうか。

金正日　わが国が韓国に対して？　だから、機会を狙《ねら》ってるわけで、来年が、ちょうど節目だというんだったら、大統領が替わるときあたりに、うちも祝砲《しゅくほう》を上げないといけないかもしらんわなあ。
司会　祝砲ですか。
ただ、あなたがお亡くなりになられた十七日と、それがテレビで発表された十九日に、祝砲（ミサイル発射のこと）が上がっているんですよね。
金正日　嫌《いや》あな言葉を繰《く》り返し言うなあ。
司会　その十七日と十九日に、なぜ祝砲が上がったのですか。
金正日　それは、その意味の祝砲じゃないんだな、君。
司会　それは何なのですか。
金正日　まあ、それはねえ、君ねえ……。
司会　どう推測されますか。正恩さんは、なぜ撃《う》ったのですか。
金正日　それは、まあ、うーん、「虚々実々《きょきょじつじつ》」と言うてなあ、まあ、兵法は、虚と見せて実、実と見せて虚……。

司会　そうですか。

4 あの世や霊《れい》の存在を信じているのか

司会　ところで、あなたは、あの世の世界があることをご存じですか。

金正日　儒教《じゅきょう》は、あの世を説かないんだよ。

司会　儒教はどうであれ、あなた自身は、どう感じていますか。

金正日　あるかもしらんが、まあ、見えないものは知らん。

司会　では、今、亡《な》くなられているとして、そのように意識があるということは……。

金正日　君と話せるんだから……。とうとう日本にも来たか。日本に来たのか。

司会　その体で日本に来られるのは、おかしいではないですか。

金正日　いやあ、だから、それは、ちょっと……。

司会　話ができるようになっているのも、おかしいではないですか。

金正日　まあ、昏睡《こんすい》状態のうちに運べば、二時間もあれば来られるんだな。

司会　霊《れい》は信じますか。

金正日　まあ、そういうものもあるとは思う。

司会　では、ぜひ、それを信じていただきたいと思います。これからの日々においては、いろいろと、あの世の霊人《れいじん》たちから、ご指導を受けると思いますので、反省行《ぎょう》などの修行《しゅぎょう》に励《はげ》んでください。

金正日　君らは変な集団だなあ。

5　後継者《こうけいしゃ》の金正恩をどう見ているか

息子《むすこ》が軍部を掌握《しょうあく》しているかは分からない

立木　正恩氏は、今の段階で、しっかりと軍部を掌握《しょうあく》しているのでしょうか。お父様の目から見て、どうでしょう？

金正日　うーん。それは、君なあ、分からんよ。

立木　分からないのですか。

金正日　それは、これから……。まあ、分からんわなあ。

立木　何か不満分子が出てきて割れるとか。

金正日　少なくとも、わしの健康状態がちょっと悪いことは、少し前からもう分かっておるから、準備はしておったな。

司会　去年、私は正恩氏の守護霊と話をしたのですが、彼の守護霊は、正恩氏について、「民衆、軍部、政敵、この三つの勢力のいずれかに殺される可能性がある」と語っていました。

金正日　いや、やつは気が強いから、殺《や》られる前に殺るだろう。

司会　殺る？

金正日　うん。

司会　彼の守護霊は、「殺されないためには、近衛《このえ》部隊に忠誠を誓《ちか》わせて、近衛部隊を強化する必要がある」とも語っていました。ただ、殺される可能性としては、この三つがあるとのことですが、このなかで、どれが今いちばん危ないと思われますか。

金正日　うーん。まあ、軍部でクーデターが起きるのが、いちばん怖《こわ》いだろうな。

司会　軍部が怖い？　その場合、キーマンは、具体的には、どなたですか。

金正日　うーん。まあ、彼が外そうとする人かな。

司会　外そうとする人ですか。

金正日　うん。派閥《はばつ》はあるだろうからな。だから、わしになら仕《つか》えられたけど、彼には仕えられないやつかな。

司会　いちばん厄介《やっかい》なのは、どなたですか。

金正日　うーん。まあ、裏で何を言ってるか、分からんからなあ。

長男を放逐《ほうちく》したんだけど、あれが、西側のほうから賄賂《わいろ》でもつかまされてるのか知らんが、ちょっとチョロチョロしておるでなあ。だから、あれを傀儡《かいらい》にして革命を起こすやつが出てくる可能性がある。それが怖いな。

司会　怖いですか。

里村　具体的に言うと、国防委員会副委員長の張成沢《チャンソンテク》氏？

金正日　うーん。

里村　金敬姫《キムギョンヒ》氏（金正日の妹で、張成沢の夫人）？

金正日　三男は気が強いからなあ。徹底《てってい》的に歯向かっていくから、そういうのを見たら、怯《おび》えたり逃《に》げたりはしないな。だから……。

司会　対立関係に入る？

金正日　うん。絶対に許さないから、徹底的に追い詰《つ》める。

北朝鮮でも民主化運動が起きる可能性がある

司会　この方々と対立した場合に何が起こりますか。

金正日　うーん。軍のなかに民主化みたいなものが起きると、ちょっとまずい。

司会　民主化ですね。

金正日　うん。だから、軍のなかで民主化が起き、人民と結託《けったく》すると……。

今、ちょっとまずいのはさあ、アフリカや中東で、いろいろ、デモとか革命とかが起きてるけど……。

里村　はい。

金正日　あんなのが移ってくるのが、ちょっと嫌《いや》だな。

立木　北朝鮮内で、そういう動きはありますか。

金正日　北朝鮮にも、やはり、電子機器類は少し入ってきてるからな。非公式には、いろいろと情報は入っていて、今、そういう〝流行《はや》り病《やまい》〟が流行ってることを、人々が知らないわけではないので、こういうときを狙《ねら》ってだな、外国から、さまざまな電波が入ってくるからな。それを、彼らは、自分らのアンテナを立てて、情報を取ったりしてるので、そういう地下活動が火を噴《ふ》いてくるかもしれない。

司会　正恩氏は、気が強いとなると、そういう人たちを見つけたら、かなり徹底的に粛清《しゅくせい》しますよね。

金正日　基本的には弾圧《だんあつ》するはずだが、地下活動が複数化して弾圧が難しくなったときが問題だな。

アメリカの〝忍者部隊《にんじゃぶたい》〟を警戒《けいかい》する必要がある

司会　今、中東などでは、民主化運動を弾圧し、民衆に攻撃《こうげき》を仕掛《しか》けて、民衆が死んだりしたときに、大変なことになっていると思います。こういう弾圧や攻撃を、正恩氏は、やりかねないのではありませんか。

金正日　うーん。まあ、それもあるんだが、あのオバマが……。あいつら、卑怯《ひきょう》な手を、いっぱい持っとるだろう？

司会　例えば？

金正日　無人機を飛ばして、そこから攻撃したり、夜中に、秘密の空挺《くうてい》部隊を送り込《こ》んだりするけど、こんなのは暗殺者集団で、まるで忍者《にんじゃ》だわなあ。

里村　二年前に、将軍様の守護霊は、オバマ大統領のことを、「手ぬるい」と甘《あま》く見ていましたよね。

金正日　うーん。「忍者を使って暗殺する」っちゅう悪いことを思いついたからなあ、あいつ。

里村　今年、オサマ・ビン・ラディンも殺《や》りましたし、カダフィ殺害にも関与《かんよ》したと言われているんですよ。

金正日　そうなんだよ。ちょっと自信をつけとるみたいだからさあ。夜中の三時か四時か、明け方か、相手が寝《ね》てるようなときに屋上に下《お》り、忍《しの》び込んだら、二十人ぐらいで、けっこう、殺れるからなあ。

司会　あなたの守護霊は、「居場所を明らかにしないし、自分のダミーをつくってる」と言ったではないですか。

金正日　それには、やはり、経験が要《い》るからな。

司会　正恩氏は、それをやっていない？

金正日　そう。だから、これから警戒《けいかい》しなきゃいけないんだが、まだ頭がそこまで回っていない可能性がある。まだ若いしな。

司会　気が強いので、逆に……。

金正日　若いしなあ。だから、地上から攻《せ》めてくることしか考えてない可能性がある。

司会　分かりました。

金正日　空から夜中に急襲《きゅうしゅう》をかけられたりするようなことは、考えてないかもしらんし、アメリカには、そういう忍者部隊を送り込むやつと、無人飛行機を送り込んでくるやつと、あと、夜中にスカッドミサイルか何かを建物に撃《う》ち込んでくるやつがあるんだけど、彼は、まだ、それを本気では信じ切れてないと思う。アメリカが、そういうことをするとは、思ってないだろうな。

核弾頭《かくだんとう》を積んだミサイルの命中実験はできていない

司会　正恩氏（守護霊）は、「核《かく》があれば、もう、それで勝てる。国際世論《よろん》も変わる」と言っていたのですが。

金正日　指導者が「撃て」と指令を出せば、核兵器は飛ぶよ、たぶんな。だから、その指令者を先に葬《ほうむ》ってしまえば、核兵器を撃てなくなるわな。

司会　ただ、彼は、「核を持つことに意味がある。核兵器を持てば、国際世論は、ひれ伏《ふ》す」と言っていました。

金正日　君たちとは意見を異《こと》にするが、われらは、「われらが本気なら、日本なんか、三十分もあれば降伏《こうふく》させられる」と思ってるのさ。日本は、私たちの慈悲《じひ》で、今、生き延びている国家なんだな。本来、もう滅《ほろ》びていい国であり、第二次大戦が終わった段階で、日本は滅びなければならず、朝鮮の植民地にならなきゃいけない国だったんだけど、慈悲で生かしてやってるんだ。

里村　「生かしてやっている」とおっしゃるわりには、北朝鮮の状況《じょうきょう》と日本の状況は、ずいぶん違《ちが》いますね。

金正日　それはね、やはり、アメリカの陰謀《いんぼう》だわな。また、儲《もう》けにもならんのに、南鮮《なんせん》（韓国《かんこく》）、南朝鮮に援助《えんじょ》物資をいっぱい送るから、あそこも、あんなに豊かになったんだろうな。

司会　正恩氏が気が強くなっているのは、「もうすでに、かなりの数の核弾頭《だんとう》を持った」ということですか。

金正日　うーん。実地実験ができてないからなあ。

司会　実験は、まだできていない？

金正日　ミサイルの実験は、ずいぶんしてんだけどさ、核弾頭を積んだやつの命中実験が、まだできてないからさあ。だから、実戦で使って、ほんとに爆発《ばくはつ》するかどうかを見ないと……。

司会　分からないわけですね。核弾頭は、もう二十ぐらいあるのですか。

金正日　それはあるよ。それはある。

司会　二十以上ある？　二十ぐらい？

金正日　だからさあ、広島・長崎《ながさき》型みたいな、あんなものは簡単だよ。あれは、かなりでかいが、あんなものを上空で航空機から落とすぐらいだったら、簡単だよ。

司会　それは、できますか。

金正日　それは簡単だけど、核弾頭をミサイルの頭に積むには、小型化に成功しなきゃいけないからね。小型化に成功し、それが上手に飛んでいき、目標に当たって爆発しなきゃいけないわけで、当たっても爆発しなかったら、それで終わりだからね。

司会　まだ小型化ができていないのですか。

金正日　小型化は、だいぶしてるんだけど、実験しなきゃいけないんだ。核兵器の実験は難しいんだ。よそは、地下での実験だけでなく、シミュレーション（模擬《もぎ》実験）をやってるらしいけど、うちは、あんなのでは分からないんでな。

司会　後継者が強気だから、どこかに撃つのではないですか。

金正日　実際に撃ってみないと分からないんで、どこに撃つか。だから、これから、もし、挑発《ちょうはつ》してくる国があったら、そこに撃ち込むかもしらんなあ。

司会　正恩氏は、そういう性格ですか。

金正日　そういう性格だな。まだ、わしのような老獪《ろうかい》さはないんで……。

司会　撃ったあとのことは考えない？

金正日　いやあ、「われらに、ひれ伏す」と思ってるだろうな。

司会　そう思っているのですね。

金正日　うん。だから、「日本は、三十分で降伏させられる」とは思ってるのよ。

朝鮮戦争でアメリカが核《かく》兵器を使っていたら？

司会　韓国についてはどうですか。

金正日　韓国を火の海にできるのは分かってるんだけど、それを口実《こうじつ》にして米軍が出てきたら、長期的には、わが国は勝てない。戦前の日本軍と同じで、「リメンバー・パールハーバー」風に、「奇襲《きしゅう》攻撃をした」と非難され、第七艦隊《かんたい》の全軍を挙げた攻撃を受けたら、われらは、やられるかなとは思ってるよ。おまえらがルーズベルトにやられたようにな。

また、こちらが核《かく》兵器を使ったら、向こうも核兵器を使うからね。それは分かってる。「通常兵器に対しては通常兵器で戦うけど、相手が核兵器を使ったら、こちらも核兵器を使って構わない」と、こう来るからな。

だから、もしかしたら、アメリカは、われらに核兵器を使わせたいかもしれないよ。一発、相手に核兵器を撃たせたら、それは、「こちらも核兵器で攻撃していい」ということになるからさあ。

司会　では、朝鮮戦争当時、マッカーサーが、もし核兵器を使っていたら、あなたがたは、どうなっていましたか。

金正日　うーん。まあ、中国が負けただろうな。中国は、その当時は、まだ、核戦争ができるような立場にはなかったのでね。そのあと、毛沢東《もうたくとう》は、とにかく、「何千万人が死んでも構わんから、核兵器をつくれ!」と指令し続けて、核兵器開発に邁進《まいしん》したけど、そのための時間を得られたよな。

朝鮮戦争のとき、中国は核兵器を持ってなかったから、核兵器で攻撃を受けたら、それで中国は完全にギブアップだろうから、北朝鮮までアメリカが占領《せんりょう》しただろうな。トルーマンがアホだから、中国は助かったんだろう。

司会　なるほど。

里村　北朝鮮や中国は危なかったんですね。

金正日　もし、マッカーサーに核兵器で攻撃されていたら、それで終わりだった。だから、以後、十年以上も、毛沢東は、核兵器の開発に、ただただ邁進した。「その当時の中国では二千万人ぐらいが餓死《がし》した」と言われてるけど、「人の命より核兵器の開発優先《ゆうせん》」だったんでなあ。

うちにも、いちおう、それをまねしたようなところはあるがな。

中国は米朝戦争にどのように関与《かんよ》するのか

立木　現時点では、米朝戦争が起こったときに……。

金正日　米朝？　米朝とは、アメリカと北朝鮮のこと？

立木　ええ。先ほど言われたように、「北朝鮮が核兵器を使い、また、アメリカも核兵器を使う」ということになった場合、中国は、どのように関与《かんよ》するのでしょうか。

金正日　うーん。だからねえ、〝三十八度線〟（朝鮮戦争）はな、いちおう米中戦争なわけだからね。ほんとは米中戦争だし、ベトナム戦争も、ほんとは米中戦争だよな。

中国は、「自分が戦ってるとは見せないで、支援してる国に武器等の補給をして、パイロットなどを送り込んで戦う」ということをするのが得意なので、わしが、ほんとに、秘密に頼《たの》み込んだのは、「万一《まんいつ》のときには、北朝鮮軍のふりをしてでも、防衛に入ってくれ」というようなことだな。

立木　それは、人民解放軍が北朝鮮に入ってきて……。

金正日　そうそう。「北朝鮮軍のふりをして戦ってくれ」ということを、お願いした。

司会　それは向こうに了承《りょうしょう》されたんですか。

金正日　うーん。まあ、ああいう国なので、はっきりとは言わないんだがなあ。「おまえらが『〝唇《くちびる》〟の役割を続ける』と言うなら（注。「唇亡《ほろ》びて歯寒《はさむ》し」〔助け合うものの一方が亡ぶと他も亡ぶ〕の故事を念頭に置いた発言）、善処する」というような言い方をしたかな。

司会　それは、去年からの四回の交渉《こうしょう》のなかに入っていた話ですか。

金正日　うーん。だから、わしは、まだ生きるつもりではあるが、万一、息子《むすこ》の代になったときに、韓国という、あんな、ヘビみたいな、ずる賢《がしこ》い国は、これ幸いと、何をするか分からん。「弱い者いじめ」と思って、一気に、ちょっかいを出してくるかもしれんしな。

アメリカさえいなきゃ、韓国対北朝鮮なら、北朝鮮の勝ちなんだよ。完全に勝てるんだよ。だから、ソウルなんか火の海にするのは、一時間かかんないよ。一時間以内で、全部、丸焦《こ》げだよ。青瓦台《せいがだい》（韓国大統領官邸《かんてい》）なんか、あっというまに、なくなっとるよ。一時間以内に、炎上《えんじょう》して、なくなってしまう。われわれが核兵器を使うまでもなく、砲弾《ほうだん》で十分に潰《つぶ》せる。ソウルを火の海にできるぐらいの砲門を持っとるでな。

司会　そうすると、アメリカ軍がグアムに撤退《てったい》していくほうが、ありがたい？

金正日　うーん。

司会　そうでもないですか。

金正日　グアムねえ。まあ……。

立木　今は在韓米軍がいますからね。

里村　やはり、将軍様が子供のころ、朝鮮戦争で、アメリカ軍が北朝鮮軍を一気に押《お》し返したことに対する恐怖心《きょうふしん》が、ずっとおありだったわけですね。

金正日　でも、アメリカがさあ、「核兵器を使わない」と自分で自分の手足を縛《しば》った段階で、中国は助かったね。

地上での戦争だけで中国軍と戦ったら、やはり、アメリカ軍にも被害《ひがい》がすごく出るじゃないか。アメリカは、アメリカ人が死ぬのをすごく嫌がるからさ、できるだけアメリカ人が死なないようにしようとして戦うだろう？　これが、やつらの弱みさ。なるべくアメリカ人が死なないような戦い方をしようとする。

わが軍は違うんだよ。わが軍は、屍《しかばね》の山を積み上げてでも国を守ろうとする勇者の固まりだから。

里村　ただ、最近は、その「勇者の固まり」である軍の上のほうにいる人の家族が、北朝鮮から逃げ出したりしているんですよ。日本にも小さな船で……。

金正日　うーん。連れてこい！

里村　いや、お連れしようにも、「もう、あの国では生きていけない」と、軍の高官の家族が言っていて……。

金正日　連れてこい！　殺すから。

里村　先ほど、「百万に近い大軍隊」と言われましたが、頼みの軍が、かなり崩《くず》れてきているのが現状だと思います。

金正日　君ね、軍隊には優先的に食料を与《あた》えてるんだから、それだけでも、「ありがたい」と思わなきゃいけないんだ。犬よりは、いい生活をしてんだからさあ。

金正恩は軍事が専門で、経済のことは分からない

司会　ただ、アメリカの戦い方として、あなたや正恩氏を、「ピンポイントで殺害し

てしまう」という方法もあります。こうなったら、北朝鮮の軍隊はどうなりますか。

金正日　それは、ちょっと、まずい。そのあとの準備ができてないなあ。だから……。

立木　ピンポイント攻撃をされて、軍が混乱した場合、「すぐに中国が介入する」というほどの関係は、まだないわけですね。

金正日　うーん。今の中国は、やはり、日和見《ひよりみ》をしてるからさあ、「どっちが得か」を、まず考える。今、完全に北朝鮮の防衛に入れるほど、中国は、われらとの交流にメリットを見いだしてないのでね。だから、中国が攻撃されるのを防ぐ盾代《たてが》わりとして、われらを見てるが、「盾として使えない」となったときは、やはり、ちょっと……。

司会　では、あなたが、今、ピンポイントで殺されてしまったら、軍部は、どうなりますか。

金正日　うん？　私か？

司会　はい。

金正日　私がピンポイントで?

司会　あなたが殺されてしまい、正恩氏だけになったら、どうなりますか。

金正日　正恩が元気なら、「撃って撃って撃ちまくれ!」と言うだろうな。

彼は、今、日本の勉強もしてるからさ。君らがお好きな、日清《にっしん》・日露《にちろ》戦争に勝った歴史とかを正恩は勉強してるよ。「どうやったら、小さな国が大きな国に勝てるか」というのを研究してるから。彼は兵法を勉強してるよ。

司会　軍事が大好きな人なんですね。

金正日　軍事が大好き。軍事大学を卒業してるので、軍事が専門。

司会　政治や外交よりも軍事ですか。

金正日　うん。軍事が専門。ただ、スイスに行かせていたから、彼は国際感覚も持っている。

司会　経済的なことについては?

金正日　経済的なことが分かるか分からないか、私には分からない。

立木　デノミ(通貨単位の切り下げ)を実施《じっし》して、失敗しましたね。

金正日　まあ、経済は難しいからなあ。親ができんことを、子供が、そんなに簡単にできるものではない。

正直に言えば、「わが国には二千万ぐらいしか人口がないのに、軍隊があんなにいる」というのは、経済的には問題ではあるよな。でも、軍隊には、戦える人がいないといかんからさあ。軍人を生産活動に振《ふ》り向けたら、経済はよくなるんだろうとは思うけど、大勢が軍隊にへばりついとって、今のところ、消費者側に回ってるんだな。

だから、ほんとに、どこかの食料庫を襲《おそ》いたいぐらいの気分だがなあ。だけど、中国を襲うわけにいかんしな。これは逆襲するからな。あとは、「韓国か日本のどちらかを脅《おど》せないか」というところだな。

だから、日本の拉致《らち》問題なんか、ほんとは、「返してほしかったら、食料援助と金銭援助をしろ」という交渉をしたかったんだがなあ。それで拉致してたんだがね。日本だったら、人質一人当たり、十億円ぐらい払《はら》いかねないじゃないか。だから、百人さらえば、一千億円ぐらいになる。

里村　小泉首相とは、当時、その方向で話が進んでいたようでしたが。

金正日　そうなんだよ。「人をさらっては身代金《みのしろきん》を取る」というのも、外貨獲得《かくとく》の方法だからな。それだったら、やれるからさ。われわれには、日本人を捕獲《ほかく》したり、漁船を捕《つか》まえたりすることぐらい、わけはない。

立木　そういうことをして、「恥《は》ずかしい」という気持ちはないのですか。

金正日　なぜ恥ずかしいんだよ。生きていくためにはね、君、トカゲだってヘビだって食べるんだからさ。

司会　では、トカゲとヘビを食べていたらいいではないですか。

立木　人間を襲わないでください。

金正日　日本人を食べたわけではないじゃないか。「日本人に朝鮮語を教え、家庭教師などの職に就《つ》けてやり、その他《た》、いろいろと高度な朝鮮教育を与えてやって、さらに日本から貢《みつ》ぎ物《もの》を取る」というんだから、これは、非常に高度な知性のある人間以外には考えつかない、高度な作戦だろう？

あくまでも自分の死を認めない金正日の霊《れい》

司会　では、そろそろ、後継者の正恩氏の守護霊をお呼びしたいと思います。

　本日は、どうもありがとうございました。

金正日　わしがまだ元気なのに、なぜ、そんな……。

司会　いや、非常に参考になりました。

金正日　（産経新聞を指さして）君は、あのインチキ新聞の記者か。

里村　（苦笑）

司会　私は新聞記者ではありませんし、あなたの死に関する記事は、日本のどの新聞にも出ているんです。

立木　金総書記がお亡《な》くなりになったことは、今、全世界で公知《こうち》の事実になっています。

金正日　いや、それはね、謀略なんだよ。「亡くなった」という情報を流して、世界がどう動くかを、今、見てるんだよ。

司会　ああ、なるほど。はい、分かりました。

金正日　それに対して、次に、偉大《いだい》なる将軍として、正恩がデビューしようとしてるわけなんだ。

司会　分かりました。では、次に、正恩氏の守護霊に、お話を聴《き》きますので、その話を、あなたも聴いておいてください。

金正日　ああ、そう。

司会　はい。本日は、どうもありがとうございました。

金正日　はい、はい。

6 「列車内で死んだ」という発表は〝物語〟

大川隆法　本人に死の自覚はないようです。「病院で死んだ」というのが真相かもしれません。「列車内で死んだ」というのは怪《あや》しいですね。

司会　国威発揚《こくいはつよう》のために金日成《キムイルソン》と同じ死に方にしたのだと思います。

大川隆法　そうでしょう。「国内を見て回る巡行《じゅんこう》の途中《とちゅう》に、過労で倒《たお》れた」というようなことにしたのでしょう。

司会　まあ、殉職《じゅんしょく》のようなかたちにしたかったのでしょうか。

大川隆法　つい最近も、彼がスーパーマーケットを視察し、品揃《しなぞろ》えに関する発言をしたことが報じられましたが、誰《だれ》かが〝物語〟をつくっていた可能性は高いですね。

司会　その可能性はありますね。

大川隆法　そのようにして〝物語〟をつくるのが、あの国は得意なのでしょうが、実際には、彼は体が悪くて、入院していたのではないでしょうか。何か怪しいですね。

でも、これは、たぶん、公表されないでしょう。仕事中に死んだことにしなくてはならず、そうでなければ、戦場のような所で死ななくてはいけないのでしょうね。

司会　そうですね。

大川隆法　「病院で情けなく死ぬ」というのは、まずいのでしょうね。神話にならないですからね。

司会　ええ。

大川隆法　はい。そういう感じでした。

だから、彼は、まだ地上の世界をうろうろしていますね。けっこう、大声を出して、指揮をしているつもりかもしれません。

司会　（笑）

大川隆法　誰も話を聞かないので、「何か、おかしい」と言っているのでしょうか。

司会　ええ。まだ、やる気はあるようですね。

料金受取人払郵便

荏原支店承認

1279

差出有効期間
平成25年11月
30日まで
（切手不要）

1 4 2 - 8 7 9 0

東京都品川区
戸越1丁目6番7号

幸福の科学出版（株）
愛読者アンケート係 行

フリガナ お名前	男・女	歳
ご住所　〒　　　都道府県		
お電話（　　　　）　　－		
e-mail アドレス		
ご職業	①会社員 ②会社役員 ③経営者 ④公務員 ⑤教員・研究者 ⑥自営業 ⑦主婦 ⑧学生 ⑨パート・アルバイト ⑩他（　　　）	

ご記入いただきました個人情報については、同意なく他の目的で
使用することはございません。ご協力ありがとうございました。

愛読者プレゼント☆アンケート

『北朝鮮—終わりの始まり—』のご購読ありがとうございました。今後の参考とさせていただきますので、下記の質問にお答えください。抽選で幸福の科学出版の書籍・雑誌をプレゼント致します。(発表は発送をもってかえさせていただきます)

1 本書をどのようにお知りになりましたか。

①新聞広告を見て [朝日・読売・毎日・日経・産経・東京・中日・その他（　　　　）]
②その他の広告を見て（　　　　　　　　　　　　　　　　）
③書店で見て　④人に勧められて　⑤月刊「ザ・リバティ」を見て
⑥月刊「アー・ユー・ハッピー?」を見て　⑦幸福の科学の小冊子を見て
⑧ラジオ番組「天使のモーニングコール」「元気出せ！ ニッポン」を聴いて
⑨BSTV番組「未来ビジョン」を視て
⑩幸福の科学出版のホームページを見て　⑪その他（　　　　　　　　）

2 本書をお求めの理由は何ですか。

①書名にひかれて　②表紙デザインが気に入った　③内容に興味を持った
④幸福の科学の書籍に興味がある ★お持ちの冊数＿＿＿＿冊

3 本書をどちらで購入されましたか。

①書店（書店名　　　　　　　　）②インターネット（サイト名　　　　　　　　）
③その他（　　　　　　　　）

4 本書へのご意見・ご感想、また今後読みたいテーマを教えてください。

(なお、ご感想を匿名にて広告等に掲載させていただくことがございます)

5 今後、弊社発行のメールマガジンをお送りしてもよろしいですか。

はい（e-mailアドレス　　　　　　　　　　　　）・いいえ

6 今後、読者モニターとして、お電話等でご意見をお伺いしてもよろしいですか。

(謝礼として、図書カード等をお送り致します)

はい・いいえ

弊社より新刊情報、DMを送らせていただきます。
新刊情報、DMを希望されない方は下記にチェックをお願いします。

DMを希望しない □

第2章

北朝鮮の後継者・金正恩《キムジョンウン》の野望

――金正恩守護霊《しゅごれい》の霊言《れいげん》――

二〇一一年十二月二十日　霊示

金正恩《キムジョンウン》（一九八三？～）

金正日《キムジョンイル》前総書記の三男。二〇一〇年に朝鮮人民軍大将、朝鮮労働党中央委員会委員、朝鮮労働党中央軍事委員会副委員長に就任。金正日の死去により、最高指導者の地位を世襲《せしゅう》するものと見られている。なお、二〇一〇年十月十三日にも金正恩守護霊《しゅごれい》の霊言《れいげん》を収録している。『温家宝《おんかほう》守護霊が語る　大中華帝国《だいちゅうかていこく》の野望』〔幸福実現党刊〕第2章参照。

1　金正恩の守護霊を再度招霊《しょうれい》する

いよいよ、わしの時代が来た

大川隆法　それでは、金正恩の守護霊に行きますか。

司会　はい。

大川隆法　北朝鮮の後継者《こうけいしゃ》であるところの三男・金正恩の守護霊を招霊《しょうれい》いたします。北朝鮮の後継者、金正恩の守護霊を招霊いたします。

（約二十秒間の沈黙《ちんもく》）

金正恩守護霊　うーん！　いやあ。

立木　こんにちは。

金正恩守護霊　ああ。

立木　金正恩さんの守護霊でいらっしゃいますか。

金正恩守護霊　うーん。時は来たれりだな。いよいよ、わしの時代が来た。

立木　本日は、幸福の科学総合本部にお越《こ》しくださり、ありがとうございます。

金正恩守護霊　うん、うん。

立木　以前にもこちらにお越しいただき、幸福実現党の者が、対話をさせていただいたと思うのですが。

金正恩守護霊　うーん？

司会　昨年の十月においでいただきまして、今日は二回目になりますね。

金正恩守護霊　おう、そうかいな。

司会　ええ。

金正恩守護霊　まあ、今は立場が違《ちが》うからなあ。君たち、ひれ伏《ふ》しなさい。

司会　お父様は、お亡《な》くなりになられたんですよね。

金正恩守護霊　うん。そうなんじゃない？

司会　先ほど、ご本人は「亡くなっていない」とおっしゃっていたのですが、ご覧になっていましたか。

金正恩守護霊　うん。まあ、そういう意見もあるだろうな。

司会　そういう意見もあるとは？

金正恩守護霊　神様だから死なないんだろう。イモータル（immortal／不死の）なんだ。

司会　はあ。

お父様は、あなたに対して、まだ少し不安を持っておられるようでした。あなたは、非常に強気の方なので……。

金正恩守護霊　まあ、親っていうのは、だいたいそういうものだからね。だが、私はね、ヨーロッパにも留学しているし、親よりも、頭脳、体力とも強靱《きょうじん》だからね。

司会　軍部のところも、ちょっと心配だとおっしゃっていました。

金正恩守護霊　全然、心配なんかないな。

司会　心配はない？

金正恩守護霊　ええ。もう、みんな私に心服しているよ。

司会　そうですか。もし反発したら？

金正恩守護霊　反発なんかできるわけがないでしょう。その日のうちに死刑《しけい》にされるから。

民衆を愛しているので「ジャスミン革命」などありえない

司会　しかし、お父様は、中東での「ジャスミン革命」的なものが、今、民衆にも少し浸透《しんとう》してきているということをおっしゃっていました。

金正恩守護霊　まあ、それはね、民衆を苦しめている指導者の場合だな。

里村　ほう。

金正恩守護霊　だから、われわれみたいに民衆を愛している指導者の場合は、そういうことはありえないんだよ。

立木　ただ、かなり食料が不足していると言われていますね。

金正恩守護霊　うーん？　いや、そんなことはないよ。親父《おやじ》は、お腹が出て糖尿《とうにょう》の気《け》があったし、わしも糖尿の気が……。

立木　いやいや。

司会　あなたと将軍様は太っていますが、ほかの民衆は、みな痩《や》せています。

金正恩守護霊　知らんなあ。そんなことはない。

司会　去年、あなたは、「食料をくれ」とおっしゃっていたではないですか。

金正恩守護霊　まあ、それは……。

司会　「核《かく》ミサイル一発と、コメ十万トンを交換《こうかん》せよ」と言っておられたではないですか。

金正恩守護霊　うーん、君、細かいなあ。細かい。

司会　細かいですよ。でも、そうおっしゃっていたのは事実です。

金正恩守護霊　いや、そんなのは一日で忘れなさい。

司会　そういう細かいことまで言わなくてはいけないほど、食料に困っておられるわけですよね。

金正恩守護霊　うーん、九〇年代は凶作《きょうさく》が続いたしなあ。大水《おおみず》も出たしねえ。いろいろと、なんかねえ、ついてないんだよ。

だから、そういう意味でね、食料がやや不足してるのと、中国の援助《えんじょ》があまりあてにならないっていうか、最小限なんだよなあ。

立木　経済について、いろいろ努力されていると思うのですが、一昨年《おととし》の秋にデノミをやって、かえって経済が混乱したため、その責任者を処刑したというような話も聞いております。

それから、「住宅を十万戸つくる」と言っているわりには、まだ五百戸ぐらいしかできていないという話も聞いているのですけれども。

金正恩守護霊　君は何？　三流ジャーナリストか。

立木　（苦笑）いいえ。そういう情報を聞いておりますので、真相はどうなのかと思いまして。

司会　こちらの方は、幸福実現党党首です。

立木　申し遅《おく》れました。幸福実現党党首の立木です。

金正恩守護霊　世界的には、わしに比べて、億分の一ぐらいの知名度しかないなあ。

司会　そんなことはないと思います。

立木　いずれは、まったく逆転するだろうと思います。

金正恩守護霊　そう？　ふーん。

まあ、とにかくだねえ、わしは、そういう独裁者とは違うから、民衆から愛されとるし、尊敬もされとるのよ。

立木　でも、そのわりには、北朝鮮から脱出《だっしゅつ》する方がたくさんいらっしゃるようですね。

金正恩守護霊　裏切り者というのは、どこにもいるんじゃないかな。おまえらの宗教だって、脱出するやつはいるんだろうからさ。

立木　いえいえ、そんなことはありません。

金正恩守護霊　脱出するやつがいたからって、その宗教が悪いとは限らんだろうが。うん？

里村　ただ、数を見ますと、人口二千万人の国のわりには、かなり多いのではないでしょうか。

司会　そうですね。

金正恩守護霊　やっぱり、忠誠心のない人間というのは、どこの国にもいるもんでな。だから、それを見逃《みのが》してやっているとしたら、やっぱり、寛大《かんだい》な慈悲《じひ》の心に満ちているということだろうなあ。

2 日・米・韓《かん》に対する基本戦略

ミサイル発射は、「なめたら、こうなるぞ」という意思表示

司会　あなたは、昨年、「今、北朝鮮には食料がないので、まずミサイルを撃《う》つしかない」と言っておられましたね。

金正恩守護霊　いや、別に撃たなくてもいい。今、〝貿易〟をやろうとしているから。

司会　十七日と十九日にミサイルを撃ったのは事実ですよね。

金正恩守護霊　うーん、まあ、それは、証拠《しょうこ》を出されれば認めるがな。

司会　証拠はあるんですよ。

金正恩守護霊　見たわけじゃないだろうが。

里村　いや、ただ、ミサイルは……。

金正恩守護霊　見たわけじゃないのなら、騙《だま》されてるかも分からんだろう？

里村　いやいや、ミサイルが飛んだのは見ていませんが、昨日《きのう》、私は空港で足止めにあったんです。飛行機が飛ばなくて迷惑《めいわく》を被《こうむ》りました。

金正恩守護霊　日本は、今、非常に経済状況《じょうきょう》が悪いんだね。

里村　いいえ、自衛隊の緊急《きんきゅう》スクランブルの関係です。

金正恩守護霊　え？　いや違《ちが》う。それはきっと、石油がないんだろう。

里村　私は昨日、スケジュールが狂《くる》ったので、今日はちょっと正恩さんに、文句ではないですが、一言《ひとこと》、言いたいなと思っていたんです（会場笑）。

なぜミサイルが飛んだのですか。

金正恩守護霊　うん？　いやあ、それは、国の次の方針を示したわけよ。

司会　あれが方針ですか。

金正恩守護霊　そうです。

司会　どういう方針ですか。

金正恩守護霊　答えだよ。

司会　答え？

金正恩守護霊　だから、「なめたら、こうなるぞ」ということだ。

司会　ただ、あれは日本海にポチョンと落ちただけではないですか。

金正恩守護霊　わざと落としたんじゃないか、何を言ってるんだよ。君らを生かしてやるために、わざと外しているんだよ。何を言ってるんだ。冗談《じょうだん》を言うんじゃないよ。

司会　それで海にポチョンですか。

金正恩守護霊　いやあ、そういう無駄金《むだがね》を海に捨てるぐらいの余力が、まだまだ、わが国にはあるっていうことだよ。

司会　お父様は、「まだ、核弾頭《かくだんとう》を付けて発射するまでの自信はない」と言っておられましたよ。

金正恩守護霊　いや、それは撃ってみなきゃ分からない。

司会　（苦笑）撃ってみなければ分からないって……。

金正恩守護霊　どこに落ちてもねえ、陸地に落ちたら被害《ひがい》は出るよ。だけど、海なら、とりあえず、まあ、魚は死ぬけどね。

司会　はい。

金正恩守護霊　日本なんか、この前の震災《しんさい》でやられて、もう、ほとんど敗戦状態じゃないか。こんな弱い国なんか、今さら……。

司会　今さら日本は狙《ねら》わないということですか。

金正恩守護霊　いや、狙うよ。

司会　それは、いつですか。

金正恩守護霊　いやあ、「脅《おど》して金を取る」っていう方法を、今、研究中だからさ。日清《にっしん》・日露《にちろ》戦争を研究しているのは、第七艦隊《かんたい》を撃退《げきたい》するため

司会　あなたは日清《にっしん》・日露《にちろ》戦争を研究しているらしいですね。

金正恩守護霊　うん、まあな。

司会　どこを攻《せ》めるために研究しているのですか。

金正恩守護霊　それは、韓国《かんこく》と日本だ。

司会　韓国と日本ですか。

金正恩守護霊　うん。

司会　日清・日露戦争の、どういうところが勉強になりましたか。

金正恩守護霊　うーん、まあ、何て言うかなあ、「圧倒的《あっとう》な国力の差をどうやって克《こく》服《ふく》するか」という兵法と、国民の士気、軍隊の士気、指導者の能力、まあ、そうしたところかなあ。

だから、本当は、おまえらなんか相手にしてねえんだよ。第七艦隊《かんたい》をどう撃退《げきたい》するかを、今、研究してるところなんだ。

司会　ほう。第七艦隊までやってしまいますか。

金正恩守護霊　そうそう。そのくらい行かないと、日清・日露にならないだろう?

里村　日露戦争では、日本海海戦でバルチック艦隊との戦いがありましたね。

金正恩守護霊　そうそう、そうそう。だから、第七艦隊を撃滅《げきめつ》したら、私の名は世界史のなかに刻まれるだろうな。

里村　なるほど。

立木　昨年十一月に延坪島《ヨンピョンド》砲撃《ほうげき》があったあと、米韓は黄海で合同軍事演習を行いましたが、あれに対しては、どのようにご覧になっていましたか。

金正恩守護霊　弱虫が、ああやって見せているだけだよ。

立木　ああ、そうですか。

金正恩守護霊　うん。うちは、予告なしで撃ち込《こ》むからね。

立木　はあ、なるほど。

金正恩守護霊　向こうは、ああやって強がって見せてるだけだろう？　うちは黙《だま》って撃ち込むから、こちらのほうが強いに決まってるじゃん。

アメリカの空母を一隻《いっせき》沈《しず》めたら衝撃《しょうげき》だろう

立木　アメリカの艦隊に対する攻撃の仕方などを、いろいろ研究されているのですか。

金正恩守護霊　うん、考えている。いきなり空母を一隻《いっせき》沈《しず》めたいんだよ。

里村　ほう。

金正恩守護霊　そうしたら衝撃《しょうげき》だろうねえ。

司会　どうやって沈めるのですか。

金正恩守護霊　だから、それは、どこの国から撃ったかが分からないようにすることが大事であるんだな。

司会　そんな命中度の悪いミサイルで、どうやって当てるのですか。

金正恩守護霊　いや、近くから撃てば当たるだろう（会場笑）。

司会　近くから撃つのですか。

金正恩守護霊　うん。

司会　アメリカの潜水艦《せんすいかん》などに、撃つ前にやられてしまうのではないですか。

金正恩守護霊　夜、接近していって……。

司会　第二次世界大戦のころとは違って、今はレーダーなどが十分にあるんですから。

金正恩守護霊　夜、ゴムボートで近寄るんだ。

司会　ゴムボート？　「レーダーには映らない」ということですか。

金正恩守護霊　ゴムボートで近寄っていき、潜水服で潜《もぐ》って、船底《せんてい》に爆薬《ばくやく》を仕掛《しか》けて……。

司会　それで第七艦隊を？

金正恩守護霊　爆破するんだよ。穴を開ければ沈むからさ。

里村　韓国の哨戒艦《しょうかいかん》を沈めたのも、その方法だったのですか。

金正恩守護霊　うーん、まあ……。

里村　あれは練習だった？

金正恩守護霊　君は際《きわ》どいところを訊《き》くなあ。うーん。近くから魚雷《ぎょらい》を撃つことだってできるしな、爆薬を仕掛けることもできるし。

いや、００７《ゼロゼロセブン》とかのシリーズは、最新のやつを全部見ている。

司会　お好きですよね。

金正恩守護霊　アメリカがつくっている、あの系統のやつは、全部調べて勉強してるんだ、俺《おれ》は。

司会　なるほど。つまり、レーダーに捕捉《ほそく》されなければ誰《だれ》でもできるわけですね。

金正恩守護霊　そうそう。レーダーには、木や布やゴムは映らねんだよ。

司会　それが最大の戦略なんですね。

金正恩守護霊　ステルス性っていうのをね。

司会　ステルス……（苦笑）。

立木　ステルス技術は、アメリカのほうが発達していますが、それに対する備えはされているのですか。

金正恩守護霊　うーん、今、奇襲《きしゅう》を考えている。まさかのときを狙ってね。奇襲では、相手が特定できないことが大事なので……。

司会　あなたがたが奇襲をかけるということですか。

金正恩守護霊　もちろん。

野田首相をさらった場合、日本は身代金《みのしろきん》をいくら出すのか

司会　向こうから奇襲をかけてきた場合はどうされるのですか。

金正恩守護霊　向こうから奇襲をしたら、天下のアメリカが世界で恥《はじ》をかくんじゃないかな。

司会　どうして？

金正恩守護霊　だってさあ、平和を愛する民主主義人民共和国に対して攻撃をかけたら、それは世界が……。

司会　いや、あなただけに対してですよ。

金正恩守護霊　え？

司会　あなただけに奇襲をかけた場合です。

金正恩守護霊　それは、君ねえ、国際司法裁判所で、オバマは死刑《しけい》だよ。

司会　いやいや、それはないですけど、すでにもう何人か、そのような奇襲を受けています。例えばフセインとか。

金正恩守護霊　うーん。

里村　今年も、オサマ・ビン・ラディンが奇襲を受けましたし、カダフィもそうだと言われています。しかし、人民を解放したということで、誰も批判はしていません。

金正恩守護霊　アメリカをやると危ないなら、日本をやるよ。野田さんをさらって、殺したって、別に何も言わんだろう?

里村　まあ、そうでしょうね。

金正恩守護霊　身代金《みのしろきん》はいくらぐらいくれるんだよ。

里村　いや、あげません。

金正恩守護霊　くれないの?

里村　「どうぞご随意《ずいい》に」ということです。

金正恩守護霊　そんなことはないだろう。

里村　野田さんは差し上げます。

司会　野田さんに、拉致《らち》問題をきちんと解決する意志があれば別ですけれどもね。

金正恩守護霊　首相をもらったら、拉致しているやつを返してもいいけどさ。

司会　それでは、首相を差し出せば、拉致された人たちは全員帰ってくるのですか。

金正恩守護霊　だけど、野田では返せないかなあ。

司会　やっぱり野田さんでは駄目ですか。

金正恩守護霊　うん、ちょっと……。身代金を取ろうとしても、もし「要《い》らない」って言われたら困るからなあ。

司会　いやいや、いちおう、大事な総理大臣ですから。

金正恩守護霊　まあ、どのくらい身代金を出すかなあ。

里村　しかし、日本の野田総理は、非常に評価が低いですよ。

金正恩守護霊　値段はいくらぐらい？

里村　そうですねえ。

金正恩守護霊　返してほしかったら、いくら出す？　一万ドル？

里村　いやいや、まあ、一万円とは言いませんけど……。

金正恩守護霊　こちらは特殊《とくしゅ》部隊をだいぶ持っているからね。あなたがたは宇宙人が好きなんだろう？　そういうふうに、宇宙人のふりをしてさらうぐらいのことは、訓練を積んでるからさ。

原発の近くに、二、三発ミサイルを撃《う》ち込《こ》めば面白《おもしろ》い

司会　ところで、話は少し変わりますが、昨年十月の前回の霊言《れいげん》で、お話しさせていただいたときに、あなたは、「自分の名前でミサイルを撃《う》って、国威《こくい》を発揚《はつよう》したい」とおっしゃっていましたね。

金正恩守護霊　そのあと、ちょっとあったでしょう？

司会　あのときは名前が出ていなかったではないですか。

金正恩守護霊　いやあ、名前が出なくたって、誰《だれ》がやってるかぐらい、分かるじゃん。

司会　ああ、国のなかでは分かっているわけですね。

金正恩守護霊　それは、全員知ってるよ。なかでは分かってる。

立木　来年、「強盛復興《きょうせいふっこう》の大門《だいもん》を開く」ということで、キャンペーンをされているそうですが、来年には何かを〝企画《きかく》〟されているのですか。

金正恩守護霊　うん。百周年（金日成生誕百年）って、さっき言ってたよな。

立木　はい。

金正恩守護霊　だから、〝花火大会〟をやらなきゃいけないな。

司会　〝花火大会〟ですか。

立木　それは、どの方面に、どれくらいの規模でやるのですか。

金正恩守護霊　うーん、そうだねえ。それはやはり、いちばん効果的なところにやることが大事だな。私も西洋の勉強はしてるからね。いちばん効果的なところで〝花火大会〟をやる。

司会　その勉強の成果として、いちばん効果的なところはどこなのですか。

金正恩守護霊　そうだねえ。まあ……。

司会　あなたの学力が分かりますよ。

金正恩守護霊　そうだねえ、今の日本を見れば、東北の大震災《だいしんさい》であれだけ弱って、それで、原子力のところで揉《も》めてるからね。まあ、核《かく》ミサイルはまだ撃たなくてもいいかもしらんけど、短距離《たんきょり》ミサイルでいいから、原子力発電所の近くに二、三発撃ち込んでやれば、すごく面白《おもしろ》いんじゃないか。

司会　それは、来年の〝企画〟のなかに入っているのですか。

金正恩守護霊　まあ、〝花火〟としては、いちおう考えてはいる。

日・米・韓《かん》が軍事演習をしたら宣戦布告とみなす

司会　考えてはいるけれども、まだ実行は……。

金正恩守護霊　だから、「日本が何か不埒《ふらち》な行為《こうい》をする」という前提が要《い》るから、それをさせなければいけない。国としては、あくまで正当防衛でなければならないので、それをやらせようとしてはいる。

司会　「不埒な行為」というと、例えばどんなことですか。

金正恩守護霊　北朝鮮を罵倒《ばとう》するようなこととか。

司会　罵倒と言っても、今さら、もう罵倒することもないんですけどね。

金正恩守護霊　いやあ、そんなことはない。わしに対する罵倒はありうるだろう?

立木　むしろ、あなたがたのほうが、日本を罵倒しているのではないですか。

金正恩守護霊　それは、われわれの国民性だから、しかたがない。

立木　それはフェアではないですよ。

金正恩守護霊　君たちは、何も言わないのが国民性だ。

司会　拉致《らち》問題などがあるではないですか。

金正恩守護霊　うーん、それはだから、軍事演習であるし。

司会　その話は、去年、聞きました。

金正恩守護霊　日本人を、安全にわが国に確保したのであって……。

司会　それはもう、去年、議論としては終わっています。

金正恩守護霊　ああ、そうかい。

司会　あなたの代になって、今後、拉致問題は解決するのでしょうか。

金正恩守護霊　いや、もう、それは、ほとんど死んでいくよ。君ねえ、北朝鮮に行って、長生きできるわけがないでしょう。だから、だいぶ死んでいるんだよ。

司会　先ほど、「野田と引き換《か》えに何とかしよう」と言っておられたではないですか。

金正恩守護霊　あの野田とねえ。ふーん。

里村　お父様は、「お金や食料と引き換えに」とおっしゃっていました。

金正恩守護霊　でも、日本の総理大臣って、いちおうは警備をしてるんじゃないのか。

里村　まあ、多少はしていると思います。

金正恩守護霊　うちも、首相官邸《かんてい》にミサイルを命中させるほどの自信はまだないんでなあ。だから、やっぱり秘密工作員を使わなきゃいけないが、まあ、さらいやすい所に来てくれるとありがたい感じはするね。日本海側を視察か何かに来ているときに、近所で爆発《ばくはつ》とかを起こすのは、やっぱり面白いね。そういうのはいいね。うーん、できる。

立木　しかし、日本のほうから北朝鮮にどうこうするということは、なかなかないでしょうから、そういう意味では、攻撃《こうげき》をする口実《こうじつ》はないのではありませんか。

金正恩守護霊　だけど、少なくとも、米・韓《かん》・日が組んで、何かをしようとすることはあるだろう。

司会　まあ、軍事演習というのはあります。

金正恩守護霊　「おたくが軍事演習をしたら、それだけで挑発《ちょうはつ》とみなし、宣戦布告とみなす」ということを、うちが言っていて、にもかかわらず、軍事演習をやったら、それは先制攻撃をしたということになるわけだ。だから、うちは何をしてもいいことになる。

アメリカと北朝鮮は対等な関係にある?

立木　十二月二十二日に予定されている米朝協議は、お父様がお亡《な》くなりになったことで、おそらくは流れるでしょうが、今後、アメリカに対して、どのように対応しようと考えておられますか。

金正恩守護霊　まあ、対等の関係だからね。

立木　そうですか。

金正恩守護霊　アメリカとは対等の関係だ。私もスイスにいたから、ヨーロッパの視点を持っていて、アメリカのいいところも悪いところも、十分に知り尽《つ》くしておるからね。

里村　対等というのは、具体的にはどのようなことでしょうか。

金正恩守護霊　いや、国対国だから対等だよな。

でも、君ら日本なんかは、もう三流国なんだよ。核兵器を持ってる国と、持ってない国との間に、外交は成り立たないんだよ。分からない？

司会　外交が成り立たないのですか。

金正恩守護霊　成り立たないんだ。平等な外交なんていうのは、ありえないんだよ。

一方が片方を全滅《ぜんめつ》させられる関係なんだから、外交の余地はもうないんだよ。

司会　そうすると、あなたのおっしゃっていることは、これからだいたい実現していくわけですね。

金正恩守護霊　毎年、毎年、われらは国力を増していきますからね。

里村　ただ、今の状況《じょうきょう》だと、アメリカからは、そうとうプレッシャーが強くなってくると思いますよ。人権問題とか、いろいろと。

金正恩守護霊　まあ、でも、最後はさあ、あれだよ。うちには陸軍があるからさあ、アメリカが占領《せんりょう》したかったら、アメリカの若者たちが十万や二十万は死なないと無理だろう。

司会　しかし、お父様は、あなた一人が死んでしまったら、それで軍部は乱れるとおっしゃっていましたよ。

金正恩守護霊　うーん……。

司会　あなたは、そこまでは考えていないでしょう。

金正恩守護霊　うーん。まあ、ほかに兄弟がいないわけじゃないからなあ。そういうのを傀儡《かいらい》にするかもしれない。

二人の兄は消さなければいけない

立木　二人のお兄様は、今、海外にいらっしゃるようですが、今後、どのような関係にしていく予定ですか。

金正恩守護霊　ちょっと、消さなきゃいかんとは思っている。

司会　消さなくてはいけないのですね。

では、お父様の妹の金敬姫《キムギョンヒ》さんと、その夫の張成沢《チャンソンテク》さんについては、どう思われますか。

金正恩守護霊　とにかく、私の指導力を確立することが大事だから、邪魔《じゃま》な動きをするようであれば、こちらにも刺客《しかく》を送るよ。

里村　実際、十年前に、いちばん上のお兄さんである正男《ジョンナム》さんを暗殺しようとしたことがあったという話も流れていますね。

金正恩守護霊　ああ、あれは親父《おやじ》だ。出来が悪いから、消そうとしたんだ。

司会　次男の方はどうですか。

金正恩守護霊　うん？　次男か。まあ、うーん……。

里村　あなたとは仲がいいとも言われていましたが。

金正恩守護霊　もし傀儡みたいな感じで使われる可能性があるんだったら、何か〝病気〟になってもらわないといかんなあ。

司会　では、あなたの「次」については、考えていないのですか。

金正恩守護霊　いやあ、それは君ねえ、私は日本の歴史までちゃんと勉強しているからね。「日本の天皇家が、なぜ今まで潰《つぶ》れなかったのか」を研究してるんだ。だから、金《キム》王朝が続くように考えてますよ。

中国のほか、イランやパキスタンともつながっている

司会　そうすると、もしあなたが亡くなられても、きちんと軍部との連携《れんけい》は深めていけるわけですね。

金正恩守護霊　君ねえ、二十代の人に「亡くなられても」って……。

司会　あなたは「アメリカと戦う」と言っておられるんですから、それくらいは覚悟《かくご》しなければいけないでしょう。

金正恩守護霊　まあ、それは……。

司会　第七艦隊《かんたい》を壊滅《かいめつ》させるのであればね。

金正恩守護霊　だから、「いかにして、中国が仕掛《しか》けたように見せるか」ということ

が大事なんだ。中国が仕掛けたように見せることができれば、アメリカは、即《そく》攻撃ができないからね。中国と戦う覚悟を固めるまでには、ちょっと時間がかかる。

里村　ただ、今年は情勢がかなり変わってきましたよ。ミャンマーも中国側からアメリカ側に移ったりして、中国も簡単に手が出せる状態ではなくなったというのが今年の大きな特徴《とくちょう》です。

金正恩守護霊　イランが頑張《がんば》ってくれるんじゃないかなあ。かなり技術供与《きょうよ》をしたから、イランがあちらのほうにアメリカを引き付けて……。

司会　イランは、あなたがたのために、そこまでやってくれるのですか。

金正恩守護霊　うん。あちらのほうに第七艦隊を引き付けておいて、その間《あいだ》に、何か考えついたことがあれば、やりたい。

里村　実際に、イランと協議をされているのですか。

金正恩守護霊　いや、協議というか、技術供与をしてるからね。

里村　技術供与のほかに、「国際社会のなかで、このように振《ふ》る舞《ま》おう」という計画などを共有しているのですか。

金正恩守護霊　うん。それはつながってるよ。パキスタンも仲間に入れようとして、話はしてるしね。

こういう話は、ジュネーブとか、そういうところでやるんだよ。

里村　代替《だいが》わりをしても、パキスタンやイランとの枢軸国《すうじくこく》体制は継続《けいぞく》していくということですか。

金正恩守護霊　うん。私は国際派だからね。

司会　それでは、中国との関係も変わらないのですか。

金正恩守護霊　いちおう、ここは補給源だからね。中国が味方についている限りは、国は滅《ほろ》びないと見ている。

3　金正日の死の真相とは

父親に早く死んでもらうため、注射を打たせた

司会　あなたは、お父様がこんなに早く亡《な》くなられるとは思っていなかったのでしょうか。

金正恩守護霊　いやいや、想定内だよ。

司会　想定内ですか。

金正恩守護霊　うん。このあたりで、もうそろそろ死んでくれないと、私の活躍《かつやく》の場がなくなるじゃない。

里村　何か手を加えられたのですか。

金正恩守護霊　「手を加える」っていうのは、どういうことだね？

里村　お父様の死期が早くなるように、手を加えたのではないですか。

金正恩守護霊　それはやったよ。

里村　やっぱり。そうではないかと思いました。

金正恩守護霊　そらあ、やったよ。早《はよ》う死んでくれんと困るからね。

司会　薬物か何かですか。先ほど、お父様が出てこられたときに、「すごく熱い」とおっしゃっていましたので。

金正恩守護霊　もうぼけとるのにさあ、いつまでも……。

司会　なぜ、熱かったのでしょうか。

金正恩守護霊　熱いって？

司会　焼いてしまったのですか。

金正恩守護霊　注射じゃないの？　注射で発熱したんじゃないかな。

司会　ああ、注射で熱を出させたのですか。

金正恩守護霊　「もう、やってくれ」とは言っておいたからね。

司会　「やってくれ」と言ったんですね。

金正恩守護霊　うん。

里村　病院に入れて、そこで？

金正恩守護霊　うん。注射を打てば死ぬでしょう？　人ぐらい。

司会　それは、あなたの国では当たり前のことなのでしょうか。

金正恩守護霊　当たり前ですよ、そんなの。暗殺の歴史ですから。

司会　お父様も殺してしまうんですか。

金正恩守護霊　うん。

立木　暗殺から死去の発表までの間に二日ぐらいあいていますが、何かあったのですか。

金正恩守護霊　そりゃあ、いちおう考える時間が要《い》るからね。

司会　注射を打った人は、その事実を知っていますよね。

金正恩守護霊　もう死んでるよ。

里村　口を封《ふう》じた？

金正恩守護霊　当然、死んでるよ。当たり前だろう。

司会　では、その事実を知っている人は、ほとんどいないわけですね。

金正恩守護霊　まあ、それを知ってる人は、みな殺していくから。

里村　はあ……。

金正恩守護霊　当たり前じゃない。

里村　それで、発表まで五十一時間かかったわけですね。

司会　関係者を殺すのに、ちょっと時間がかかったのですか。

金正恩守護霊　いや、すぐ殺せるよ。

司会　ああ、そうですか。

金正恩守護霊　簡単だよ。情報なんか一切《いっさい》漏《も》れないからね。

司会　その人たちは、自分が殺されるのを分かっていて、やったのですか。

金正恩守護霊　いや、分からなかっただろうな。勲章《くんしょう》をもらえるのではないかと思ったかも。

司会　ひどいですねえ。

金正恩守護霊　そうかな。でも、私はね、日本の織田信長《おだのぶなが》みたいなものなんだからさあ、何言ってんの。

司会　歴史的にはかなり古いですね。

私に不満を持つ者は〝心筋梗塞《しんきんこうそく》〟を起こす

立木　ちょっと余談になりますが、お父様が亡くなった事実を発表した女性アナウンサーがいますけれども、その人は十月ぐらいからずっと姿を見せませんでした。あれは、何があったのでしょうか。

金正恩守護霊　そうなんだ。あれは、もう消そうと思っていたんだけど。

立木　そうなんですか。

金正恩守護霊　うん、本当はね。

司会　嫌《きら》いなんですか。

金正恩守護霊　嫌いだよ。親父《おやじ》を褒《ほ》め称《たた》えてばっかりいるから。

司会　では、いずれ、お亡くなりになるということですか。

金正恩守護霊　私の代には、もう要らないな。もうすぐ〝心筋梗塞《しんきんこうそく》〟を起こすんじゃねえか。悲しみのあまり、〝心筋梗塞〟を起こすだろう。

立木　そういうことですか。

金正恩守護霊　たぶんね。

司会　あなたは、去年、私と話をしたときに、「父親が亡くなったあとは、頑張《がんば》らないと、民衆か軍部か政敵に殺される可能性がある」と、おっしゃっていましたよ。

金正恩守護霊　ふーん。そのときと今とは、だいぶ違《ちが》うな。

里村　どういうことですか。

金正恩守護霊　権力の掌握《しょうあく》が進んでいるから。

司会　中枢部《ちゅうすう》の近衛《このえ》部隊は完全に掌握されたのですか。

金正恩守護霊　うん。まあ、大丈夫《だいじょうぶ》だな。二年で、それはだいぶ……。

司会　掌握したということですね。

金正恩守護霊　前とは事情が変わってるので、今は、私の命令で核《かく》ミサイルを撃《う》てるところまで来ている。

司会　核ミサイルを撃てる？

金正恩守護霊　それは、はっきりしている。

司会　そうすると、あなたが暗殺される可能性はないということですか。

金正恩守護霊　うーん、そらあ、ないとは言えないから、いちおう用心はしておるがな。まあ、近くにいる者が不満を持たないようにはしている。ただ、親父の代の忠臣《ちゅうしん》たちが不遇《ふぐう》をかこったとき、何かを画策する可能性があるので、それを、ちょっと気をつけないといけない。

司会　お父様を褒め称えた人が殺されていくのであれば、みな危機を感じますよね。

金正恩守護霊　いやあ、みんなでもない。自分が死ぬのは困るけど、人が死ぬのは別にどうでもいいいんじゃない？

司会　いやいや、だから、お父様にかかわった人たちは、警戒《けいかい》するのではないですか。

金正恩守護霊　われらの国はねえ、パーティーを開くのよ。パーティーを開いて、非常にフレンドリーに、非常に発展的に始末《しまつ》をつけるからね。

司会　パーティーの最中《さいちゅう》にですか。

金正恩守護霊　お呼びして、パーティーを開いて、帰りに、みな〝心筋梗塞《しんきんこうそく》〟を起こすのよ。アハハ、分かる？

司会　それは伝統ですか。

金正恩守護霊　伝統です。家に帰り着く前に死ぬことになってるんです。

里村　そうなんですか。

金正恩守護霊　ええ。パーティーに来て、指導者から頂いたものは、飲んだり食べたりしなきゃいけないことになってるので、みんな、帰り着く前にピリピリといくことになっとる。

司会　あなたはスイスで勉強されていましたが、そこだけは、何か別の勉強をされたのですか。

金正恩守護霊　そうなの。これは日本人から教わったんだよ。

司会　日本人は、そんなことなどしませんよ。

金正恩守護霊　いや、日本人の料理人が教えてくれた。

司会　料理人？

里村　これは微妙《びみょう》な発言ですよ。

金正恩守護霊　フグの毒とか、ああいうもので殺す方法を教えてくれてたからね。つまり、パーティーのやり方をよく指導してくれたのよ。

里村　いや、それは「フグの毒で殺す方法」ではなくて、「フグの毒で死んでしまう」ということを注意してくれたのではないですか。

金正恩守護霊　いやあ……。

みな、食べてるときは、「おいしい、おいしい」って言ってるんだよ。でも、食べたあと、三十分か一時間ぐらいで、ピリピリピリッと体が痙攣《けいれん》して死ぬんだ。これは心筋梗塞に非常によく似てるんだよ。分かる？

里村　だから、そういう殺す方法を教えたのではなくて……。

金正恩守護霊　解剖《かいぼう》でもしなきゃ分からないのよ。

里村　ともかく、そういう知識を得られたわけですね。

金正恩守護霊　うん。あれは死に方が心筋梗塞によく似てんだよ。

里村　はあ。

金正恩守護霊　だから、うちは〝心筋梗塞〟が多いよ。

4　朝鮮半島の統一に向けて

習近平《しゅうきんぺい》とは「波長《はちょう》」を合わせられる

司会　話は変わりますが、中国との関係で、今後、誰《だれ》と結びつけばよいと考えておられますか。

金正恩守護霊　中国か。ちょっと手強《てごわ》いな。年齢《ねんれい》に少し差があるのと、あちらも指導者に厚みがあるのでねえ。うーん、こちらから選べるほどではないのは事実だなあ。ただ、次の習近平《しゅうきんぺい》がすごい拡張欲を持ってることは知っているので、これとは波長《はちょう》を合わせることができるんじゃないかな。

司会　波長を合わせたい？

金正恩守護霊　うん。合わせることができるんじゃないか。彼が、何か野望を持ってるのは分かっている。「アメリカ軍を駆逐《くちく》し、アジアを支配したい」という気持ちを持っているだろうね。

まあ、元《げん》がヨーロッパまで支配し、アジアも支配して、日本まで攻《せ》めてきたときには、朝鮮も加わってやっとるからね。そういうかたちで協力してやれる体制をつくれたらいいなとは思っとるが、今のところ、まだ、ちょっと、腹の底が十分には分からないな。

司会　そのとき、あなたは、北朝鮮がどういう立場に立てばよいと思っていますか。

金正恩守護霊　それはもう、南鮮《なんせん》（韓国《かんこく》）を統一します。もちろんです。だから、中国がアメリカを駆逐し、大中華帝国《だいちゅうかていこく》をつくってアジア・アフリカを支配し、日本をひれ伏《ふ》せさせたときには、南朝鮮は、もちろん、われわれが支配し統治することになると思う。

韓国《かんこく》の大統領が替《か》わるあたりは「一つの節目」

司会　あなたは国際情勢を非常によくご存じでしょうが、そのタイミングはいつぐらいに来ると見ておられますか。

金正恩守護霊　そうだねえ、日本は、もう政治的には末期状態に来てるからね。沖縄《おきなわ》であんな騒動《そうどう》が起き、首相が一年もたたずして次々と交代してるので、われわれの目には、常に革命が起きてるような状況《じょうきょう》に見えるよ。

だから、民主党政権の時代に、日本は降伏《こうふく》するんじゃないかな。

司会　ただ、日本だけではなくて、韓国《かんこく》も存在しますし、台湾《たいわん》問題などもありますよね。そのあたりの状況を見て、タイミング的には、いつ行動を起こしたらよいと考えておられますか。

金正恩守護霊　うーん、そうねえ。いちおう儒教《じゅきょう》的論理によれば、三年間は喪《も》に服さねばいけないので、派手な行動は慎《つつし》まねばならない。

司会　では、三年間はミサイルを飛ばしたりはしないということですか。

金正恩守護霊　いや、そんなのは派手な行動じゃない。

司会　来年は、北朝鮮にとって記念の年ですが、喪に服すわけですか。

金正恩守護霊　だから、うまく仕掛《しか》けないといけない。

今、日本にも工作員をだいぶ入れてあるんだけどね。米軍を日本から追い出す工作は、中国もやってるし、北朝鮮もやってるので、そのへんについては共同してやれてる。

司会　沖縄などにも、工作員がたくさん入っているのですか。

金正恩守護霊　ああ、いっぱい入ってるよ。中国の工作員も多いけど、北朝鮮も入ってる。それで、米軍の行く先々で「追い出し作戦」をやっている。つまり、日本の対米感情が悪くなり、アメリカの対日感情が悪くなるように工作をしているわけだ。

司会　その工作員たちは、日本語をしゃべれるのですか。

金正恩守護霊　しゃべれるよ。だから、母国に忠誠を誓《ちか》ってる人は日本にだいぶいるし、また、そういう人たちに選挙権を与《あた》えようとしてくれてる、ありがたい政治家もたくさんいらっしゃるんでねえ。まあ、そのへんと組んでやろうとは思っておるけど、とにかく、アメリカと日本の仲を悪くさせ、韓国と日本の仲も悪くさせようとしている。今、韓国が、ちょうどいい具合に、従軍慰安婦《じゅうぐんいあんふ》問題を引っ張り出してきて、やってくれてるんだろう?

司会　そうですね。日本大使館の前に慰安婦像を置いたりしています。

金正恩守護霊　まあ、本当に末期だなあ、あの人も。だけど、韓国と日本の仲が悪くなってくれたらありがたい。それに、日本は中国とも仲が悪くなろうとしてるから、いい感じだ。全部バラバラにしてしまいたい。

司会　そのためには、当然、軍事的にもう少し強化しなくてはいけないでしょうが、それは、ここ一年ぐらいのことですか。それとも、もう少し先のことなのですか。

金正恩守護霊　まあ、韓国の大統領が替《か》わるあたりは、一つの節目だな。

司会　その節目で、戦略的に、どういう手を打つつもりですか。

金正恩守護霊　だから、「節目だな」と言ってるじゃないか。

司会　南下して何かを仕掛ける？

金正恩守護霊　まあな。

韓国《かんこく》を丸ごと取ってしまえば「富国」になる

司会　しかし、喪に服さなければいけないわけですよね。

金正恩守護霊　そう。喪に服しながらね。だから、私は関係ないわけですよ。私は喪に服してるわけだから。

里村　正体を隠《かく》してやるわけですね。

金正恩守護霊　うん。私は喪に服してるけど……。

司会　軍部が暴走したことにする？

金正恩守護霊　まあ、そうだね。暴走することはあるかもしれないね。

司会　本当にそういう戦略をとるのですか。

金正恩守護霊　うーん。

司会　ただ、北朝鮮の民衆から見ると、「本来、喪に服すべき時期に、そういうことをやるのはおかしいのではないか」と思うのではありませんか。

金正恩守護霊　喪に服していても、やっぱり、ちょっとは行動も要《い》るからね。

司会　ああ、不満を抑《おさ》えるための行動というわけですね。

金正恩守護霊　君ねえ、拉致《らち》問題っていうけど、拉致してる数は、日本人よりも韓国《かんこく》人《じん》のほうが多いのを知ってるのかね。

里村　確かに、韓国の方は、数百人単位で北朝鮮に拉致されていますよね。

金正恩守護霊　本当は、韓国から、もっと金を取らないといかんのでな。

司会　その問題を、どのように解決しようと思っているのですか。

金正恩守護霊　解決する必要なんかない。うちは金が欲しいだけだから。

立木　「北朝鮮の国内経済を発展、繁栄《はんえい》させる」という発想はないのですか。外から奪《うば》うだけですか。

金正恩守護霊　いやあ、韓国を丸ごと取るつもりでいるよ、私は。

立木　北朝鮮自体を、もう少し自由化して、もっとビジネスを発展させるとか、そういう発想はないのですか。

金正恩守護霊　私はね、広開土王《こうかいどおう》の生まれ変わりのような気持ちでいるんだ。あれは高句麗《こうくり》だからさ、今の北朝鮮だよ。北朝鮮がやっぱり朝鮮半島を統一し、日本をやっつけてさんざんに蹴《け》っ飛ばして、国民的英雄《えいゆう》になる。

立木　でも、そもそも、それだけの兵站《へいたん》が調《ととの》わないのではないですか。

金正恩守護霊　韓国を取るからいいんだよ。

里村　いやいや、広開土王もそうですし、日清《にっしん》・日露《にちろ》戦争のときの日本もそうですが、まずやっているのは「富国強兵・殖産《しょくさん》興業」なんですよ。

金正恩守護霊　韓国を取っちゃえば、「富国」になるから別にいいんだ。

北による朝鮮半島の統一は、中国にとってもありがたいはず

司会　忠告しておきますけれどもね。あなたは日清・日露を勉強して、奇襲《きしゅう》戦法を考えるかもしれませんが、いずれにしても兵站は続かなかったんですよ。

金正恩守護霊　うんうん。

司会　日露戦争のときも、途中《とちゅう》で講和しなければ、兵站が続かなかったんです。

金正恩守護霊　だから、韓国を取って、中国には間に入ってもらって……。

司会　あなたは「第七艦隊《かんたい》まで敵に回す」と言っておられたではないですか。

金正恩守護霊　いやあ、それは中国が攻撃《こうげき》したことにするから……。

司会　あなたの国には、そもそも兵站がないではありませんか。

金正恩守護霊　いや、兵站がないからさ、これは、かつての日本と同じ状況に、今、あるわけだよ。

司会　現地で調達しようというのでしょう。

金正恩守護霊　まあ、朝鮮半島の統一っていうのは国民の悲願だからね。

司会　悲願であろうと何であろうと、兵站が続かなければ不可能です。

金正恩守護霊　中国は、これからアメリカとの対決を迎《むか》えようとしているわけだから、北朝鮮が朝鮮半島を統一してくれることは、中国にとっても、とてもありがたいことなんだよ。

司会　おそらく、あなたがたは中国の捨て駒《ごま》になるのではないですか。

金正恩守護霊　捨て駒ってことはないよ。朝鮮半島を統一してくれたら、中国はありがたいだろうよ。

立木　先ほど、お父様は、「中国は日和見《ひよりみ》をしている」と言われていましたね。

金正恩守護霊　アメリカは、目の上のたんこぶが朝鮮半島にあって、中国と戦えない状況にあるし、かつて三十八度線で休戦した状態のままで、まだ終戦してないから、今は戦争中なんだよ。ちょっと一時《いちじ》休んでるだけだからね。アメリカは中国軍に勝てなかったんだからさ。

今、アメリカ軍は、韓国に三万人ぐらいいるのかな？　それを一万いくらまで減らそうとしてるぐらいだから、もう命が惜《お》しくて逃《に》げ始めているんだよ。まもなく攻撃されると思って、家族も避難《ひなん》させ始めてるんだから、弱いもんだ。

東日本大震災《だいしんさい》は敗戦と同じ効果があったと考えている

里村　いいえ。先ほども言いましたが、今年の十一月にオバマ大統領が大きく方針転《てん》換《かん》をしたのは、むしろ逆の方向であって、ある意味で中国・北朝鮮包囲網《ほういもう》をグッと強めたんです。ＴＰＰもその流れの一つです。

金正恩守護霊　あれはねえ、ヒラリーおばさんが、火をつけてやってんだよ。

里村　この中国・北朝鮮包囲網が強まるきっかけとなったのは、幸福の科学の大川総裁が、アジア・ミッションとして、中国と利害の深い国に行かれて法を説かれたことだったわけです。こうした流れというものを、あなたは、守護霊としての立場から、どのようにご覧になっていますか。

金正恩守護霊　うーん、あなたがたは北朝鮮と同じ体質なんじゃないか。自分たちのやってることを、すごく大きく宣伝しているでしょう？

司会　そうすると、あなたのおっしゃっていることは、かなり大きく宣伝しているわけですね。

金正恩守護霊　いや、そんなことはない。われわれ朝鮮民族はだね、アングロサクソンと一緒《いっしょ》で、物事をものすごくはっきり言うけど、君たち日本民族は、何を言うとるか分からんのだよ。

里村　私たちは、慎み深く言っていても、大きな成果が出てきているんです。

金正恩守護霊　まあ、少なくとも、東日本大震災《だいしんさい》は、一つの戦争で敗れたのと同じぐらいの効果があるんだよ。日本は敗戦国なんだ。

立木　いやいや、全然、ビクともしていません。むしろ円高が進んでいるわけですよ。

金正恩守護霊　日本は敗戦国なんだよ。

司会　あなたがたは公式には発表していませんが、先ほど、あなたが出てきたときに、「国内で自然災害がいろいろあって、食料が不足している」ということをおっしゃっていたではないですか。

金正恩守護霊　そんなのは、いつでも起きてるが、元より悪くならないのよ、大して。

立木　それは、元が悪すぎるからですよ。

金正恩守護霊　繁栄してる所がやられたら大変だろうけど、元も大したことがないから、まあ、被害《ひがい》って言うほどのものはないな。

司会　ただ、あなたはそう思っているけれども、民衆のほうは悲惨《ひさん》ですよ。

金正恩守護霊　だから、そういうことが続くと、民衆はカリスマを求めるわけよ。

私の代で朝鮮半島を統一し、日本の九州を攻《せ》め取りたい

里村　先ほどの話に戻《もど》りますが、アメリカがまったく違《ちが》う戦略で出てきたら、どうされますか。

金正恩守護霊　アメリカは赤字だから、ほとんど、こけおどしだと思うよ。

司会　赤字であろうとなかろうと、あなたが核《かく》を使った段階で、アメリカも核を使う可能性がありますよね。

金正恩守護霊　さあ、使えるかねえ。今、アメリカは赤字だし選挙もあるから、こけおどし的に、ちょっと強気の姿勢を見せてるだけなんじゃないか。

司会　核を使わないまでも、そうとうな兵器を投入すると思いますよ。

金正恩守護霊　あんたがた日本人は本当に知恵《ちえ》が足りないから、アドバイスしてやるけども、核兵器を持った国というのはね、持ってない国とは、国際的な取り扱《あつか》い方が全然違うわけ。北朝鮮は、核兵器を一個でも持った段階で、もうすでに、あなたがたの国よりも国力としては上なんですよ。国際的に重視されて、アメリカと対等になるんです。

核兵器を一つ落としたら、十万や二十万の人が死ぬんです。それは大変なことなんですよ。だけど、通常兵器しか持ってないところは、そういうことができないんです。

司会　しかし、あなたは核兵器を使えないでしょう?

金正恩守護霊　持ってるだけで違うんですよ。

里村　ただ、それは目先の話であって、核兵器をたくさん持っていたソ連は崩壊《ほうかい》しています。

金正恩守護霊　あなたがたみたいな卑怯者《ひきょうもの》は、核兵器さえ持つことができないから、何度、言ったって、国連常任理事国に入れてくれないのよ。

核兵器のないやつは相手にならねえの。勇気がないからさ。俺《おれ》たちみたいに勇気のあるところが、世界をリードできるのよ。

私の時代に、七、八千万の朝鮮半島を統一し、広開土王のように隆々《りゅうりゅう》とした力を持って、日本の九州を攻《せ》め取りに入るからさあ。

司会　毎年二十発ずつ核《かく》兵器をつくる力を持っている?

あなたのお父様は、あなたの、そのイケイケの性格のところが心配だと言っておられました。

金正恩守護霊　だから、早く死んでくれないと、私の活躍《かつやく》期間が短くなるでしょう？　二十代から八十までやりゃあ、五十何年はやれるから、その間《あいだ》に、日本の一部を取るぐらいまでは行ける。

司会　「三男はやりすぎて敵をつくる人だ」というようなことを言っておられましたよ。

金正恩守護霊　それは、まあ、いわゆる老婆心《ろうばしん》だろう。頭がぼけた証拠《しょうこ》なんだ。だから、早く殺さなきゃいけなかったんだよ。

司会　あなたは慎重《しんちょう》派ではないですよね。

金正恩守護霊　慎重派じゃないよ。私は一国のリーダーであり、危機のリーダーだからね。

司会　それだと、敵をつくりやすいのではないですか。

金正恩守護霊　敵というかね、私の器に比して、国が小さすぎるんだ。

司会　いわゆる独裁者ですね。

金正恩守護霊　独裁者じゃなくて、発展家なんだよ。私の器に比して、国が小さすぎるの。そこの党首みたいに、小さな党で満足できる器と、私は違うわけだ。

立木　私は全然満足はしていませんよ。これから、党を大きくし、日本を強くして、あなたの野望を打ち砕《くだ》こうと思っています。

金正恩守護霊　私の代で朝鮮半島を統一し、日本をかつてのように僕《しもべ》にしてあげるから、待ってなさい。

立木　日本が朝鮮の僕になった歴史はありません。それは無理です。

金正恩守護霊　君たち、核兵器を持ってる国に勝てると思ってるの？　私たちは、今、毎年二十発ずつ核兵器をつくる力を持ってるんだよ。分かる？　五年たったら百発だよ。もう、全然敵《かな》わないんだから。

気がついて、ふたを開けてみたら、核兵器が百発、日本列島に向いていますよ。さあ、そのとき、野田さんだか誰だか知らんけども、「ノー」と言えますか。

司会　しかし、どこに飛んでいくか、分からないわけですよね。

金正恩守護霊　だけど、日本全国に向けて撃ったら、構わないじゃないですか。

司会　中国に飛んでいくかもしれません。

金正恩守護霊　さすがに、中国には飛んでいかないよ。あんたね、そこまでひどくない。ハワイまで飛ぶかどうかは、ちょっと心配してるけどさ。

アメリカはいちおう怖《こわ》がってるよ。「ハワイも狙《ねら》える」ということに対して心配している。万一《まんいつ》、当たったら困るからさあ。まあ、撃ってみないことには分からないけどな。

司会　もしアラスカのほうに飛んでいったら、どうしますか。

金正恩守護霊　アラスカまで飛ぶかは分からないけど、アメリカは、ハワイを心配してるよ。それに、グアムだって心配だよな。

グアムに逃げても、ハワイに逃げても、北朝鮮の核ミサイルがいきなり飛んできたら……。

司会　一《いち》か八《ばち》かでアメリカに先制攻撃をかけるわけですか。

金正恩守護霊　可能性はありますよ。独立記念日は、大統領府から何から、みんな休んでるからさあ。

司会　真珠湾《しんじゅわん》攻撃のように、いきなり奇襲をしかけたら、そのあと、大変なことになりますよ。

金正恩守護霊　でも、うちは撃っても、「やってない」と言い続けるからね。

司会　アメリカは、そんなことなど許さないですよ。

金正恩守護霊　いや、できる。できる。分からないよ。だって、今まで全部否定してるじゃない？　韓国の哨戒艦《しょうかいかん》が沈《しず》んだって、「北朝鮮がやった」とみんなが疑ってるだけで、証拠なんか何も挙がらない。

立木　やったのは北朝鮮だと断定されていますよ。

金正恩守護霊　砲撃《ほうげき》したら、どこから撃ったか分かるけど。

里村　では、試しに、アメリカの哨戒艦を沈めてみてください。

金正恩守護霊　まあ、考えてみるよ。でも、ほかがやったように見せないといけない。「やったのは中国かもしれない」という疑いを残すようにやると、国内の評判が上がるからね。

5　二〇一二年は「最期《さいご》の年」になるのか

金正日死去の日にミサイルを撃《う》てたのは、権力を掌握《しょうあく》している証拠《しょうこ》

司会　最後に、まとめに入りたいのですが、まず、あなたがアクションを起こそうと思っているのは、いつごろでしょうか。

金正恩守護霊　権力の掌握《しょうあく》をしたから、まず、そのことを国際的に認めてもらう必要がある。

司会　先ほど、「喪《も》に服す」と言っておられましたが、いつまで我慢《がまん》できますか。

金正恩守護霊　三年間、喪に服しますよ。

立木　それは、かたちだけでしょう?

金正恩守護霊　喪に服すのと行動とは別ですから、私は命令するだけでいいんです。

司会　では、あなたがアクションを起こすのは、いつぐらいですか。

金正恩守護霊　だから、三年間は喪に服しますよ。

里村　アクションを起こすのは、いつですか。

金正恩守護霊　アクションは、明日《あした》にでも起こしますよ。

司会　いや、明日《あした》は無理でしょう。

金正恩守護霊　いつでも起こせますよ。だって、死んだ日にミサイルを撃《う》てるんだから。

司会　だって、あなた……。

金正恩守護霊　「死んだ日にミサイルを撃てる」ということが何を意味しているか、あんた、分かってるの？　それは、「金正日が指令を出さなくてもミサイルが撃てる」

ということを意味しているわけ。そして、誰《だれ》が命令しているかは、国民はみんな知ってるわけよ。要するに、国民は、これで、「私がミサイルを撃てる」ということを知ったわけよ。

司会　はい。

金正恩守護霊　だからね、「私が命令すれば撃てる」ということは、もう分かったわけよ。

司会　ミサイルぐらいは撃てるでしょうが、明日《あした》、どこかを攻《せ》めるだけの態勢は、もう整っているのですか。

金正恩守護霊　ん？　今、中国が、うちからの脱走兵《だっそうへい》が来ないように、軍隊を二千人ほど増やしているようだ。まあ、向こうは、敵であり、味方であるようなところだからね。うちから、いっぱい、なだれ込《こ》まれるのは嫌《いや》なんだろうと思うけど、アメリカが北朝鮮を攻めるとなったら、中国軍は味方になると私は思っている。

最終的には、北朝鮮に核《かく》兵器が存在することが公然の事実となった段階で、もう、アメリカはわれわれを攻撃《こうげき》できなくなると思う。それに、アメリカまで攻撃できなかったとしても、「核兵器を持つ」ということは、少なくとも、「私たちには韓国民《かんこくみん》を皆殺《みなごろ》しにする力がある」ということを意味している。

司会　それを公然の事実にするのは、いつぐらいの予定ですか。

金正恩守護霊　うーん、そうだね。それは、周りの態度にもよるけどね。周りの扱《あつか》いや報道、日本の態度等にもよる。

まあ、日本が父親の葬式《そうしき》代ぐらい献金《けんきん》してくれるようだったらいいけどねえ。そうでなきゃ、漁船の謎《なぞ》の沈没《ちんぼつ》とか、いっぱい起きるかもしれませんなあ。

ロシアが北朝鮮に南下してくるのはまずい

司会　北朝鮮の仮想敵国は、具体的にどこですか。

金正恩守護霊　もちろん、韓国、日本、アメリカだ。

司会　では、味方の国はどこですか。

金正恩守護霊　味方の国は、いちおう中国ということになるんだろうけどねえ。

司会　ロシアは？

金正恩守護霊　ロシアとは、まだパイプが十分につくれてないんだけども、今、ちょっとアプローチをかけているところだ。

今、中国の戦略としては、ロシア、パキスタン、スリランカ、イラン、それから、アフリカを全部結ぼうとしてるので、それと軌《き》を一《いつ》にしようとは考えとる。

立木　ロシアは、北朝鮮に対して、「もう核開発はやめろ」と言っていたと思いますが。

金正恩守護霊　あそこは核兵器が余っとるし、処理ができなくて困ってるからなあ。まあ、ロシアは、プーチンが、あわれな〝最期《さいご》〟に、もうすぐなりそうな感じになってきて……。

司会　なぜ、そう思うのですか。

金正恩守護霊　だって、弱くなったじゃない。

里村　「選挙は」ですね。

司会　もしロシアと日本が仲良くなったら、どうなると思いますか。

金正恩守護霊　北方領土の問題が必ず絡《から》むから、ロシアと日本が仲良くなるということはありえないな。

司会　そこを無視して、仲良くなるかもしれませんよ。

金正恩守護霊　北方領土の問題があるかぎり、ロシアが日本の味方につくことは、ありえない。だから、あれは敵にならないね。

逆に、うちがロシアに近寄る可能性はある。だから、ロシアと利害を同じくすることができれば、ありがたいね。中国は、「アメリカと戦う」ということになれば、絶対にロシアとの接近に入るから、そのときに、一緒《いっしょ》に食い込むことができる。それで、三国同盟を結べればいいなあ。

里村　ただ、ロシアと日本の共通利害が、実は今、「中国、北朝鮮」という国の存在によって発生しているんですよ。

金正恩守護霊　うーん。

里村　もしプーチン大統領が誕生したら、日本とロシアは接近する可能性があります。

金正恩守護霊　プーチンねえ。工作員はロシアにも送っているんだけどねえ。まあ、さすがに、ロシアが南下してくると、ちょっと、まずいなあ。「今、ロシアが南下してきたら、どこで止めるか」っていうと、うーん、止めるところがないかも（苦笑）。

里村　ないですね。

金正恩守護霊　もしロシアが北朝鮮に南下してきたら、止めるところがないので、ちょっと、まずいか。これは用心しなきゃいけないねえ。

里村　厳しい状態になると思います。

金正恩守護霊　ロシアを核兵器で脅《おど》しても、向こうも平気だからさあ。

里村　平気で使うでしょうね。

金正恩守護霊　ロシアも核兵器が余っていて、処理したくてしょうがないだろうから、脅しにくい国ではあるんですよ。経済状態は、あっちも悪いと思うけどなあ。うーん。ロシアの南下は、ちょっと、まずいね。これは、どうにかしたいね。

里村　日本の選択肢《せんたくし》としては、実は、「ロシアと結ぶ」という手もあるのです。

金正恩守護霊　それは、ちょっと、まずいね。ロシアに南下されたら、うちの対外戦略がだいぶ狂《くる》うので、ロシアは、あくまでも日米と対決してほしいな。

習近平《しゅうきんぺい》とは非公式に会っている

立木　繰《く》り返しになるかもしれませんが、中国との関係についてお訊《き》きします。先ほどもお父様にお訊きしましたけれども、「米朝戦争が起きたときに、中国は完全に北朝鮮の支援《しえん》に入り、人民解放軍を送り込んでくる」という盟約のようなものは存在するのでしょうか。

金正恩守護霊　だって、まだ休戦状態だよ。終戦はしてない。

立木　まあ、そうですけど、先ほどのお父様の発言からすると、中国は、「自分の国を犠牲《ぎせい》にしてまで、北朝鮮を守ろう」とは考えていないようですね。

金正恩守護霊　そらあ、アメリカと中国の貿易額は大きいからな。このへんの損得勘《かん》定《じょう》で、向こうが、「北朝鮮を切ったほうが得だ」という判断をしてきたときは、ちょっと危険ではあるけども、次の指導者の習近平《しゅうきんぺい》は、そういう性格ではないように思う。

立木　習近平氏とは、直接、やり取りをされているのですか。

金正恩守護霊　まあ、会ってはいますけども。

立木　会っておられますか。

金正恩守護霊　非公式にはね。おたくは「（習近平氏の過去世《かこぜ》は）チンギス・ハンだ」とおっしゃられてるけど（『世界皇帝をめざす男』〔幸福実現党刊〕参照）、今、チンギス・ハンと〝広開土王《こうかいどおう》〟が、同時に中国と北朝鮮に現れたわけだから、これから、英雄《えいゆう》たちの時代が始まるわけよ。

立木　あなたは、広開土王と認められたわけではないですよ。

金正恩守護霊　世界史は根底から覆《くつがえ》るんだよ。

金正恩の前世は、戦前の満州に生まれた朝鮮人

里村　前回の霊言《れいげん》で、あなたが「私の過去世は広開土王だ」と言ったら、会場から失笑が漏《も》れ、「やっぱり、分かるか」とおっしゃっていましたから、あなたは広開土王ではないですよね。

金正恩守護霊　いやあ、なりたいなあと思ってね。

立木　単なる憧《あこが》れですよ。

里村　前回の霊言では、確か、「満州にいて、日本の軍人に殺された」とおっしゃっていましたが。

金正恩守護霊　いや、最近は、「〝地球神〟かもしらん」と思ってる。

立木　それはありえないです。

里村　日本に対する恨《うら》みがあるのは、前世で日本人に殺されたからですか。

金正恩守護霊　君は、際《きわ》どいところを訊いてくるなあ。〝地球神〟に対して、そういう質問はやめようよ。

里村　いやいや、地球神ではないです。

金正恩守護霊　〝宇宙神〟かな。

里村　それも違《ちが》います。だって、北朝鮮では、信仰《しんこう》を認めないのでしょう？

金正恩守護霊　いや、北朝鮮の最高指導者は、政治家でもあるけど、宗教指導者でもあるわけなんだ。あの主体思想《チュチェ》っていうのは一種の宗教だ。

里村　今は、主体思想は結構です。

要するに、明治、大正、昭和のいずれかの時代に、日本軍の謀略《ぼうりゃく》によって殺されたわけですか。

金正恩守護霊　うーん……。

司会　張作霖《ちょうさくりん》ですか。

金正恩守護霊　（苦笑）君ら、そんなこと、私が言うわけないでしょうが。

里村　なぜ、言わないのですか。

金正恩守護霊　あえて言うとしたら、もうちょっと大きいのにしないと面白《おもしろ》くない。

立木　本当のことを言わないと駄目《だめ》です。

金正恩守護霊　やっぱり、唐《とう》とかさあ、大きな中国の国を、こう……。

司会　いやいや、明治のころです。

金正恩守護霊　なんか、隋《ずい》の国の煬帝《ようだい》だったような気がする。

里村　煬帝？　違います、違います。

金正恩守護霊　違う？　駄目か。

里村　日本人は煬帝を殺していませんから。

金正恩守護霊　騙《だま》せないか。まあ、とにかく、強暴で、中国を統一したような人間の生まれ変わりにしておきたいな。

里村　張作霖というのは近いのではないですか。

金正恩守護霊　張作霖って、なんか、あんまり、かっこよくないんじゃないの？

里村　いやあ、馬賊《ばぞく》の頭目《とうもく》で、私は大好きですよ。

金正恩守護霊　殺されたんじゃないの？

里村　ええ、そうです。一般的《いっぱん》には、日本軍の謀略だと言われています。
司会　あなたは、前回の霊言で、「日本軍に殺された」と言っていたではないですか。
金正恩守護霊　そんなの、残ってんのか（舌打ち）。
里村　残っています。「寝込《ねこ》みを襲《おそ》われた」とおっしゃっていました。
金正恩守護霊　そのときは、まだ権力を掌握していなかったからなあ。
司会　まあ、いろいろな人生がありますからね。素直《すなお》におっしゃったほうが、これからの世界の歴史には遺《のこ》りますよ。
金正恩守護霊　日本は、朝鮮半島でさんざん悪いことをしたからねえ、ほんとに。
里村　もしかして、直前世は女性だった？
金正恩守護霊　そんなことはない。そんなことはないけども……。

司会　今、一生懸命《いっしょうけんめい》、広開土王だとかおっしゃっていますが、実は名前が遺っていないのではありませんか。

金正恩守護霊　君らは無知だからさあ、朝鮮人の名前なんて知らないだろうから、言ったってしょうがないでしょう。

司会　前世も朝鮮人だったんですね。

金正恩守護霊　うーん。まあ、そうかなあ。

司会　満州ではなかったんですね。

金正恩守護霊　満州も〝朝鮮〟だよ。

里村　「満州も朝鮮だ」というのは、かなり広い概念《がいねん》ですが、李氏《りし》朝鮮の最後のほうの方々とつながっているのではないでしょうか。

金正恩守護霊　君らの宗教に協力する気はないんだよ、一片も。

司会　ただ、今まで、中国と北朝鮮の指導者の守護霊を何人かお呼びしましたが、自分のことを守護霊だと認識していたのは、あなたと習近平氏ぐらいですよ。

金正恩守護霊　偉《えら》いのが分かるだろう。だから、広開土王だって。アハハハ。

里村　いや、違います。

金正恩守護霊　信じんかあ。くそう。おまえら、広開土王だって認めて発表してくれたら、ちょっとは協力するよ。

司会　いや、それは絶対に駄目です。

金正恩守護霊　君たちが訪朝団を組むときに、われわれは歓待《かんたい》するよ。

司会　あなたと手を組むつもりは一切ありません。

金正恩守護霊　ブタ料理を出して、君には特製のフグ料理を出すからさあ。

司会　ああ、「それで殺す」ということでしょう?

金正恩守護霊　心筋梗塞《しんきんこうそく》。

司会　要するに、「自分は守護霊だ」と認識しているのであれば、過去世ぐらい分かるはずでしょう?

金正恩守護霊　世の中には、秘密が多いし、神は、なかなか名を名乗らないんだよ。

司会　では、今日は、このへんで終わりにしたいと思います。

里村　そうですね。はい。

二〇一二年は、日本にとって「地獄《じごく》の年」になる?

金正恩守護霊　まあ、二〇一二年は、日本にとって地獄《じごく》の年になるから、よく心掛《こころが》けるようにね。日本から、難民がたくさん来るような気がしてしょうがない。「それを、どうやって沿岸で食い止めるか」ということで、今、私の頭はいっぱいなんだよ。

立木　それは逆ではないですか。朝鮮半島が混乱し、日本にどんどん難民が来ると思います。

司会　少なくとも、北朝鮮には逃《に》げないですよ。

金正恩守護霊　いやあ、地上の楽園ですからねえ。

里村　そんなことは誰も信じていません。それを信じる人がいたのは、もう四十年以上前のことです。

金正恩守護霊　君たちを労働力として受け入れる体制をつくろうとして、今、日本語教育も少ししているんだよ。

司会　あなたの国以外にも、逃げる国は、まだたくさんありますから。

金正恩守護霊　君（里村のこと）、変装すると金正日の影武者《かげむしや》になれるんじゃないか。

里村　（苦笑）いやいや。以前、毛沢東《もうたくとう》に似ていると言われたことはありますけど。

金正恩守護霊　そうなの？　何でもいけそうだ。

里村　私のことは、どうでもいいです。

司会　この人をいじるのは、やめてください（会場笑）。

内容がなくなってきたので、このへんで終わりたいと思います。

金正恩守護霊　しかし、二〇一二年は、日本にとって、「最期《さいご》の年」だからね。もう日本国の最期だ。

司会　それは、あなたが決める問題ではない。

立木　あなたが勝手に言っているだけです。

金正恩守護霊　野田が、最後の総理大臣だ。天皇も総理大臣も、来年で、もう最後になるかもしれない。

司会　あなたは予言者ではないんですから……。

金正恩守護霊　マヤと日本は一緒なんだよ。もう最期の年を迎《むか》えるからさ。

司会　ただ、あなたも、「そろそろ自分の最期の年が来ているな」と考えたほうがいいですよ。

立木　最期になるのは、北朝鮮のほうが早いのではないですか。国民の不満がたくさんたまっているので、もうすぐ、体制変更《へんこう》を迫《せま》られると思います。

金正恩守護霊　核兵器まで持ってたら、簡単には、やられないよ。

司会　革命か何かが起きて、亡くなったときには、幸福の科学の支援霊団に祈《いの》ってください。

金正恩守護霊　ああ？　なんで、支援霊団に、わしが祈らなきゃいかんの？　命乞《ご》いするのは、そっちだろうが。

司会　あなた（金正恩）は、このままだと、下（地獄）に堕《お》ちてしまいます。この世だけではないんですから。

核兵器《かく》は、アメリカが攻撃《こうげき》できない所に隠《かく》している

金正恩守護霊　ほんとのことを言ったら、核《かく》兵器はねえ、もうすでに欧米《おうべい》が思っているより、はるかに数多くあるんだ。

それで、アメリカは上空から攻撃《こうげき》してくるのを知ってるから、アメリカが攻撃できない所にちゃんと格納してある。だから、大丈夫《だいじょうぶ》。アメリカから見て反対側の、中国寄りの山のほうからでないと攻撃できないような所に隠《かく》してあるんだ。

司会　ただ、二十発ぐらいでしょう？

金正恩守護霊　え？　そんなもんじゃない。毎年、増えてるから、そんなことはない。

司会　もう、四、五十発まで行《い》っているんですか。

金正恩守護霊　毎年毎年、増えてるから、もっと……。

立木　でも、アメリカは、核兵器よりも、あなたのいる所を直接ピンポイントで攻撃

するでしょうね。

金正恩守護霊　私？

司会　お父様は、あなたには「警戒《けいかい》が足りない」とおっしゃっていました。

金正恩守護霊　今、私に必要なことは、〝種付け〟なんだよ。とにかく、分身をたくさんつくっておかないといけない。

立木　ちなみに、結婚《けっこん》はされているのですか。

金正恩守護霊　え？　まあ、それは……。

司会　〝種付け〟しているくらいだから、結婚されていると思うんですけども。

金正恩守護霊　女はたくさんいるねえ。

立木　ああ、そういうことですか。

司会　「寝込みを襲われる」という〝カルマ〟があるわけですから、今世も、寝ているときは気をつけてください。

金正恩守護霊　今、ちょっとでも勇姿を見せなきゃいけないところだからね。

司会　まあ、分かりました。とにかく、本日はありがとうございました。

金正恩守護霊　君たちは、もうこれで、二〇一二年は年を越《こ》せないことになった。

司会　はい、はい。

金正恩守護霊　君たちの最期の年だ。日本の歴史は来年でもう終わる。二〇一二年が日本の最期の年になるから、みんなで、朝鮮に向かって五体投地をして、謝罪、お詫《わ》びをして亡くなっていきなさい。それが日本の最期の……。

立木　あなたこそ、北朝鮮の人民にお詫びをして、彼らを自由にしてあげなければいけない。

金正恩守護霊　なんで？　われわれは悪いことをされたことはあっても、したことはない。

司会　いやいや。今、あなたが、北朝鮮の人民に対して悪いことをしているのです。

金正恩守護霊　してないよ。日本の戦前の統治政策が悪いために……。

立木　それは、もう昔の話です。

里村　もう七十年近く時間がたっています。

司会　とにかく、本日はどうもありがとうございました。

立木　ありがとうございました。

金正恩守護霊　うーん（舌打ち）。

6　北朝鮮の終わりが始まった

日・米・韓《かん》が組み、中・露《ろ》を抱《だ》き込《こ》めば、北朝鮮を解放できる

大川隆法　うーん、よく、しゃべりますねえ。どう見ますか。

司会　強気でしたが、途中《とちゅう》で、何か墓穴を掘《ほ》るタイプかもしれません。

里村　兵站《へいたん》を考えずに暴発しかねない危険性を、若干《じゃっかん》、感じました。

大川隆法　ものすごくうぬぼれてはいますね。

スイスに留学してヨーロッパを見ているので、国際情勢を知っているつもりのようだし、「核《かく》兵器を持っている」ということに対する自信というか、「韓国人《かんこくじん》ぐらい簡単に殺せる」という自信があるのでしょう。

ただ、日本としては、北朝鮮から「日本に核ミサイルを撃《う》ち込《こ》むぞ。十分で飛んで

いくぞ」と言われたら、もう防げません。しかも、民主党は、防衛費を削減《さくげん》しているので、日本の防衛体制は弱くなると思われます。

したがって、彼は今、「日本と韓国を担保にして、あるいは人質にして、何ができるか」ということを考えているところでしょう。

さらに、「中国が覇権《はけん》主義をとれば、中国と組むこともできるだろう」と考えているようですが、これから、「それを実際にやれるかどうか」ですね。

彼は、「国際情勢を知っている」つもり、「外交ができる」つもりでいると思われるので……。

司会　ですが、北朝鮮が、中国の属国というか、一自治区になる可能性もあると思います。

大川隆法　その可能性もありますね。中国に助けを求めたら、一気に占領《せんりょう》されてしまう可能性もあるでしょう。

中国は、米国債《べいこくさい》を持っているし、ドルも一生懸命《いっしょうけんめい》ため込んでいます。また、中国にとって、日本とアメリカは大きな貿易相手国であり、今は経済のほうで、何とか体制がもっているため、「中国が、どこまで北朝鮮の面倒《めんどう》を見るか」というのは、微妙《びみょう》なところでしょう。

ただ、私の印象としては、金正日や金正恩守護霊《しゅごれい》の考えとは違《ちが》って、「南北朝鮮の統一が近づいた」と見ています。

ちなみに、ケネディが「ベルリンの壁《かべ》を壊《こわ》しなさい」ということを言ったのが一九六〇年代であり、実際に壊れたのは、その約二十五年後の一九八九年です。また、レーガン大統領（当時）がベルリン演説をし、ケネディに触《ふ》れながら、「ゴルバチョフ氏よ、この壁を壊しなさい」と言ってから、二年後に壊れています。

私の予想では、二〇一二年が、北朝鮮の崩壊《ほうかい》の年かもしれません。北朝鮮を崩壊させるなら、二〇一二年です。

立木　そうですね。逆に、それを逃《のが》すと、中国と一体化して、危険性が高まるかもしれません。

大川隆法　日・米・韓が組んで、中国とロシアの抱《だ》き込みまで成功し、来年、「核兵器の〝刀狩《かたなが》り〟をやってしまう」と言えば、この国を解放できるでしょう。

軍事的圧力をかけて、核兵器を取り上げなければいけませんね。核武装の解除をしなければ、北朝鮮の西側入りは不可能なのです。そのあとに、南北朝鮮の統一でしょうね。これをやらなければいけません。

したがって、板門店《はんもんてん》（北朝鮮と韓国の軍事境界線上にあり、両国の対話が行われる場）の最期《さいご》が近づいていると思ってよいでしょう。ベルリンの壁に続いてこれが壊れなければ、冷戦は終わらないのです。その次には、なし崩《くず》し的に、中国のほうも自由化にもっていきたいですね。

二〇一二年は、その始まりの年になると見ています。そして、二〇二〇年までには、中国の解放まで完全にもっていきたいと思っています。それが、私のほうの考えです。結果として、彼らの考えとは正反対になるのではないでしょうか。これは知力戦ですけれどもね。

司会　その意味では、今回の世代交代は、よい方向に転換《てんかん》する可能性があるということでしょうか。

大川隆法　三代目で終わるでしょう。

司会　はい。

大川隆法　おそらく三代目で終わると思いますし、終わらせなければいけません。

金正日の死を、「北朝鮮を崩壊《ほうかい》させるチャンス」と見ているアメリカ

立木　日本としては、アメリカを説得し、「共同して北朝鮮に圧力をかける」という戦略をとる必要があると思います。

大川隆法　アメリカも戦略は練っているでしょう。

立木　練っていますか。

大川隆法　練っているはずです。その戦略の成功は、日本において、それに同調できるような政権をつくれるかどうかに懸《か》かっています。ただ、野田さんでは、まだ、そこまでは行けないでしょう。

立木　無理だと思います。

大川隆法　あとは、今度のアメリカ大統領選挙で、共和党が政権を取り返せるかどうかにも懸かっています。

まあ、ヒラリー国務長官が、今、中国に対して強硬《きょうこう》姿勢に出ているのは、「民主党でもやれる」というところを見せようとしているのでしょう。

ちなみに、アメリカでは、民主党政権のときのほうが、戦争はよく起きるのです。

立木　そうですね。よく起きます。

大川隆法　だから、どうなるかは分かりませんよ。オバマ大統領も、意外に戦争を起こすかもしれません。

キューバ危機のときのケネディは、民主党です。第二次大戦のときのルーズベルトも、民主党です。このように、アメリカでは、意外にも民主党政権のときに、戦争や紛争《ふんそう》が起きるのです。

「戦争はしない」と言いつつ、結局、戦争をするわけです。我慢《がまん》を重ね、とうとう耐《た》えられなくなると、アメリカ的なところが出てきて、ジャイアンのようになるのです。我慢していた部分が出てくるわけですね。

オバマ大統領も、ノーベル平和賞をすでにもらったので、「もう、いいだろう」ということで、戦争を起こすかもしれませんね。

彼は、意外に戦争にも強い感じがします。引くように見せながら、順番に片付けてきていますからね。それで今、「イラクが終わった」と言っている以上、次の問題に取り掛《か》かるつもりでいるのでしょう。一つひとつ片付けていっている気がするのです。

おそらく、ここ最近、「イラクと北朝鮮のどちらを先にするか」という優先順位を決めかねていたと思いますが、今回の金正日の死で、北朝鮮のほうに優先順位が移動する可能性が高まりましたね。アメリカは、これをチャンスと見ているでしょう。

司会　ああ。今回の件で……。

大川隆法　チャンスですね。潰《つぶ》すなら、北朝鮮です。ここは、お金をかなり惜《お》しみつつ、潰せる可能性があります。金正恩を狙《ねら》うか、あるいは、核施設《しせつ》を一気に叩《たた》くか、どちらかでしょうね。

したがって、今、CIA系は内部情報を集め、「金正恩を殺害した場合、北朝鮮は核ミサイルを撃てなくなるかどうか。あるいは、軍部だけでも撃てるか」というあたりのところを確認しているはずだと思います。

アメリカ大統領の場合、シークレットサービスが、核ボタンの入った二十キロものカバンを持って、常に同行しています。ブッシュ氏が、そのカバンを持ったシークレットサービスと一緒《いっしょ》に海辺をジョギングしている姿を、以前、テレビか何かで見たことがありますが、シークレットサービスは大変ですね。一方、北朝鮮は、おそらく、そのような状態ではないと思います。

今、CIAは、そのへんの状況《じょうきょう》を調べているところでしょう。「もし金正恩を殺せば、北朝鮮は核ミサイルを撃てない」というのであれば、金正恩の殺害に入っていくと思います。あるいは、「金正恩を殺しても撃てる」というのであれば、「どのあたりまで殺せば、撃てなくなるか」ということを詰《つ》めていると思いますね。今、CIAは、絶対にそれを詰めているはずです。

その結論は、おそらく一カ月以内には出るだろうから、二〇一二年、北朝鮮の地すべりが始まるでしょうね。

アメリカは、絶対に北朝鮮の核兵器を一掃《いっそう》させるでしょう。北朝鮮の核は、大ぼらを吹《ふ》いても百基でしょうし、少なく見積もれば一つか二つです。まあ、二十基ぐらいはあるかもしれませんが、アメリカであれば、それを片付けることくらい、できないはずはないでしょう。

その上、今、中国が経済クラッシュを起こしているため、経済援助《えんじょ》とのバーター（交換）で、中国を抱き込める可能性が、若干《じゃっかん》、ありますね。

ともあれ、アメリカのほうから仕掛けるのであれば、二〇一二年でしょうね。

司会　中国のトップが替《か》わる前に仕掛けるでしょうか。

大川隆法　それは分かりませんが、可能であれば、二〇一二年、一気に実行すると思います。核兵器を取り除かないかぎり脅威《きょうい》は消えないので、ここを取り除きに入るでしょう。
オバマさんは、「イランと北朝鮮の両方を同時に片付けることは予算的にできないので、どちらを先に片付けるか」ということで迷っていたでしょうが、金正日の死で、予算的には北朝鮮の優先順位が上がったと見てよいと思います。

司会　そうですね。「これだけ強気の息子《むすこ》がいる」ということも考えると、優先順位は上がると思います。

大川隆法　金正恩は、父親が死んですぐにミサイルを撃ち、その二日後、発表した日にまたミサイルを撃っていますが、この性格からすると、自分のことを〝偉大《いだい》な指導者〟として一生懸命プロパガンダ（宣伝）するでしょう。
そのうち、韓国との間か日本との間で、漁船や哨戒艦《しょうかいかん》が沈《しず》められたり、砲撃《ほうげき》されたりすることが起きると思います。そのあたりを利用して、アメリカは、北朝鮮問題の解決に入ろうとするかもしれませんね。

司会　そうですね。

不況《ふきょう》に苦しむアメリカにとって、そろそろ戦争が欲しい時期

大川隆法　今、アメリカは、国連を全然信用していないので、独自に判断して、有事を起こすと思います。

そうすると、沖縄《おきなわ》その他の在日米軍基地の撤去《てっきょ》運動は止まります。その意味では、アメリカにとっても有事は必要なんですよ。

司会　基地移転のための、無駄《むだ》な予算も要《い》らなくなるわけですね。

大川隆法　そうです。その上、武器・弾薬《だんやく》を消費すると製造業が活性化して、不況から脱出《だっしゅつ》できるのです。アメリカは、朝鮮戦争のときにも不況から脱出しているし、世界大恐慌《きょうこう》のあとも、第二次大戦で不況から脱出していますから、アメリカにとっては、そろそろ戦争が欲しい時期です。

立木　そうですね。

大川隆法　戦争が起きれば、アメリカの景気は回復し、アメリカの倒産（財政破綻《はたん》）

を防げるので、今、戦争が必要なのです。

「どこであれば、最も被害《ひがい》が少なく、アメリカの経済が拡大して利益が多くなるか。また、世界的に賞賛を浴びることができるか」という計算に入っているはずです。

司会　北朝鮮を片付けることは、中国に対して警告を発することにもなりますね。

大川隆法　そうなんです。だから、習近平《しゅうきんぺい》氏が世界戦略に乗り出す前に、中国をつまずかせる必要があります。

ということになると、二〇一二年はチャンスでしょうね。

司会　チャンスですね。

大川隆法　それに、オバマ大統領や民主党の支持率も上がりますからね。

司会　そうですね。

大川隆法　だから、「どのようにして言い掛かりをつけるか」、それを狙っているところでしょう。二〇一二年は、大きく動く可能性があります。

日本の民主党政権は、またしても周章狼狽《しゅうしょうろうばい》して判断ができないでしょう。そして、「パトリオットミサイルの全国配備を中止するなどして、防衛費をたくさん削《けず》ったけれども、やっぱり必要だった」とか、そんなドタバタを展開するでしょうね。

司会　日本の海上自衛隊あたりも、船を沈められる可能性があると思います。

大川隆法　そのくらいのことはあるかもしれませんね。

そうして、北朝鮮国内では、誰《だれ》がやったのかは分かっているけれども、外国には「証拠《しょうこ》がない」と言うのでしょう。〝無印の魚雷《ぎょらい》〟や〝無印のミサイル〟を撃てばよいわけですが（笑）、「北朝鮮」と書かずに撃たないといけないですね。

「二〇一二年は動く」と見ました。

司会　はい。

大川隆法　それでは、以上とします。

一同　ありがとうございました。

あとがき

少なくともここ数年、国際情勢に関する私の判断は、外れたことがない。その背景には霊的リーディング調査もあるが、この地球の未来の道筋を、自らの努力によって、指し示そうとしていることも事実である。

北朝鮮の悲劇は、何としても終わらせなくてはならない。二〇一二年がその「終わりの始まり」となるであろう。次の指導者・金正恩《キムジョンウン》の将来は、良くて武田信玄なきあとの武田勝頼型の最期だろう。蛮勇《ばんゆう》が裏目に出て滅びへの道を早めるのではないか。悪ければ、イタリアのファシズム体制の最期、独裁者ムッソリーニのように民衆から石つぶてを投げられながら、木からロープでつるされることになるのではないか。

金正恩よ、父殺しの疑いをかけられた独裁者に未来はない。あなたがかつて、東京ディズニーランドや秋葉原で見た日本が、韓半島の未来となるべく、権力欲を捨てるがよい。民衆を解放せよ。

二〇一一年　十二月二十七日

幸福《こうふく》の科学《かがく》グループ創始者兼総裁《そうししゃけんそうさい》　大川隆法《おおかわりゅうほう》

『北朝鮮―終わりの始まり―』大川隆法著作関連書籍

『金正日守護霊の霊言』（幸福の科学出版刊）
『温家宝守護霊が語る 大中華帝国の野望』（幸福実現党刊）
『世界皇帝をめざす男』（同右）

北朝鮮《きたちょうせん》 —終《お》わりの始《はじ》まり—
霊的真実の衝撃

2012年1月17日　初版第1刷
2012年1月27日　第2刷

著　者　大《おお》川《かわ》隆《りゅう》法《ほう》

発　行　幸福実現党
〒104-0061 東京都中央区銀座2丁目2番19号
TEL(03)3535-3777

発　売　幸福の科学出版株式会社
〒142-0041 東京都品川区戸越1丁目6番7号
TEL(03)6384-3777
http://www.irhpress.co.jp/

印刷・製本　株式会社 堀内印刷所

落丁・乱丁本はおとりかえいたします
©Ryuho Okawa 2012. Printed in Japan. 検印省略
ISBN978-4-86395-164-8 C0030
Photo: EPA=時事

幸福実現党
THE HAPPINESS REALIZATION PARTY

党員大募集!

あなたも 幸福実現党 の党員になりませんか。

未来を創る「幸福実現党」を支え、ともに行動する仲間になろう!

党員になると

○幸福実現党の理念と綱領、政策に賛同する 18 歳以上の方なら、どなたでもなることができます。党費は、一人年間 5,000 円です。
○資格期間は、党費を入金された日から 1 年間です。
○党員には、幸福実現党の機関紙が送付されます。

申し込み書は、下記、幸福実現党公式サイトでダウンロードできます。

幸福実現党 本部　〒104-0061 東京都中央区銀座 2-2-19　TEL03-3535-3777　FAX03-3535-3778

幸福実現党のメールマガジン “HRP ニュースファイル” や “Happiness Letter” の登録ができます。

動画で見る幸福実現党──幸福実現TVの紹介、党役員のブログの紹介も!

幸福実現党の最新情報や、政策が詳しくわかります!

幸福実現党公式サイト
http://www.hr-party.jp/
もしくは 幸福実現党 検索

幸福実現党

温家宝守護霊が語る 大中華帝国の野望

同時収録 金正恩守護霊インタヴュー

大川隆法 著

温家宝首相の守護霊が、日本侵略計画や対米戦略の本心を語る。さらに北朝鮮の新たな指導者・金正恩の心の内を明らかにする。

1,500円

世界皇帝をめざす男

習近平の本心に迫る

大川隆法 著

中国の次期国家主席・習近平氏の守護霊が語る「大中華帝国」が目指す版図とは？ 恐るべき同氏の過去世とは？

1,300円

世界の潮流はこうなる

激震！ 中国の野望と民主党の最期

大川隆法 著

オバマの下で衰退していくアメリカ。帝国主義に取り憑かれた中国。世界の勢力図が変化する今、日本が生き残る道は、ただ一つ。

1,300円

発行 幸福実現党
発売 幸福の科学出版株式会社

※表示価格は本体価格（税別）です。

幸福実現党

平和への決断

国防なくして繁栄なし

大川隆法　著

軍備拡張を続ける中国。財政赤字に苦しみ、アジアから引いていくアメリカ。世界の潮流が変わる今、日本人が「決断」すべきこととは。

第一部　日米安保と太平洋戦争の真実
第1章　日米安保改定をめぐる「決断」
第2章　太平洋戦争の勝敗を分けたもの
第3章　国防と平和に関する対話〔質疑応答〕
第二部　真の世界平和を目指して
第4章　国境を守る人々へ
第5章　この国を守る責任
第6章　平和への決断

1,500円

この国を守り抜け

中国の民主化と日本の使命

大川隆法　著

平和を守りたいなら、正義を貫き、国防を固めよ。沖縄米軍基地問題、尖閣問題、地方主権。混迷する国家の舵取りを正し、国難を打破する対処法は、ここにある。

第1章　この国を守り抜け
第2章　今こそ保守回帰のとき
第3章　宗教と政治について考える
第4章　危機の十年を迎え撃て
第5章　宗教の復活

1,600円

発行　幸福実現党
発売　幸福の科学出版株式会社

※表示価格は本体価格（税別）です。

幸福実現党

秋山真之の日本防衛論

同時収録 乃木希典・北一輝の霊言

大川隆法 著

日本海海戦を勝利に導いた天才戦略家・秋山真之が、国家防衛戦略を語る。さらに、日露戦争の将軍・乃木希典と、革命思想家・北一輝の霊言を同時収録！

第１章　名参謀が語る「日本の国防戦略」　＜秋山真之＞
第２章　今こそ、「救国の精神」を　＜乃木希典＞
第３章　革命思想家の「霊告」　＜北一輝＞

1,400円

日本外交の鉄則

サムライ国家の気概を示せ

大川隆法 著

日清戦争時の外相・陸奥宗光と日露戦争時の外相・小村寿太郎が、緊急霊言。中国になめられる民主党政権の弱腰外交を一喝し、国家を守る気概と外交戦略を伝授する。

第１章　日本外交に「大義」を立てよ　＜陸奥宗光＞
第２章　日本は「侍国家」に戻れ　＜小村寿太郎＞

1,200円

発行　幸福実現党
発売　幸福の科学出版株式会社

※表示価格は本体価格（税別）です。

幸福実現党

国家社会主義への警鐘

増税から始まる日本の危機

大川隆法　著

幸福実現党・名誉総裁と党首が対談。保守のふりをしながら、社会主義へとひた走る野田首相の恐るべき深層心理を見抜く。

1,300円

沈みゆく日本をどう救うか

野田佳彦総理のスピリチュアル総合分析

大川隆法　著

経済政策も外交方針も中身は何もない!?　野田氏守護霊が新総理の本音を語る。また、かつての師・松下幸之助霊が苦言を呈す。

1,300円

公開対談
日本の未来はここにあり

正論を貫く幸福実現党

大川隆法　著

時代に先駆け、勇気ある正論を訴える幸福実現党の名誉総裁と党首が公開対談。震災、経済不況、外交危機を打開する方策を語る。

1,200円

発行　幸福実現党
発売　幸福の科学出版株式会社

※表示価格は本体価格(税別)です。